나를 위한 응원의 메시지

자존감을 높이는
칭찬일기

나를 위한 응원의 메시지

자존감을 높이는
칭찬일기

글 전기현 | 그림 장연화

파란정원

작가의 말

이 책에 관심을 갖고 첫 장을 편 여러분은
성장하기 위해 노력하려는 의지가 매우 튼튼한 어린이입니다.

우리는 칭찬을 접할 때 나도 모르게 기분이 좋아지고 동시에 얼굴에 밝은 미소를 띠게 됩니다. 힘이 절로 나는 이 칭찬은 특히 어릴 적에 많이 접할수록 마음에 와닿는 힘이 더욱더 크다고 할 수 있습니다.

아이들과 함께 지내는 교실에서 그동안 작은 칭찬 하나가 누군가의 더없이 소중한 행복의 씨앗이 되는 마법과도 같은 일들을 수없이 목격하였습니다. 모두가 각자의 색깔로 빛나는 보석들인 우리 어린이들은, 그 누구보다도 '칭찬'이 필요했습니다. '칭찬'을 받을수록 당당하게 발표하는 힘이 커지고, 친구들과 즐겁게 어울리는 힘이 길러지는 모습 등을 바라보면서 다시 한번 칭찬의 위대함에 대해 깨달을 수 있었답니다.

그런데 혹시 이 칭찬이 두 가지 종류로 나누어진다는 것을 아시나요? 칭찬은 '다른 사람이 나에게 해 주는 칭찬'과 '내가 나에게 건네는 칭찬'으로 나누어진답니다. 그중에서도 특히 '나 자신이 나에게 건네는 칭찬'은 마음에 더욱 진실하고 솔직하게 와닿는 칭찬이라고 할 수 있습니다. 때문에 내 삶의 주인공이 나인 것을 인지하여 다른 사람의 칭찬만을 기다리지 않고, 스스로 자신에게 건네는 밝은 힘을 주는 칭찬이 우리에게 더욱 소중한 칭찬이 됩니다.

'큰 성공은 작은 습관으로부터 시작된다.'라는 말이 있습니다. 이는 어릴 적에 만든 작은 습관이 이후의 삶에 작용해서 성장할 수 있도록 돕는 밑거름이 된다는 뜻이랍니다. 그렇기에 여러분이 하루 몇 분의 짧은 시간이더라도 '스스로 칭찬하는' 좋은 습관을 기른다면 분명 삶을 더 행복하게 즐길 수 있을 것입니다.

이 책은 어린이 여러분이 스스로, 그리고 제대로 칭찬하는 방법을 터득하고 실천할 수 있도록 칭찬일기의 가르침들을 모아 보다 많은 어린이에게 전하기 위해 만든 노력의 산물입니다. 책을 쓰는 동안 저 자신도 '스스로 칭찬하기'를 실천하면서 많은 성장을 하였습니다. 칭찬의 따뜻한 효과를 몸소 느끼며 때론 기쁨을, 때론 위로를 받으며 미소를 지을 수 있었습니다.

부디 많은 우리 어린이들이 이 책을 통해 나를 사랑하고 아낄 수 있는 '내 삶의 주인공'이 되기를 희망합니다. 칭찬일기가 어린이 여러분의 따뜻한 길라잡이가 되어 자존감과 행복감, 그리고 글을 쓰는 힘도 같이 키울 수 있기를 바라는 간절한 마음입니다.

끝으로, 책의 완성에 큰 도움을 준 사랑스런 미르초 6학년 제자들, 칭찬일기의 효과를 함께 느끼며 곁에서 아낌없이 조언을 해 준 사랑하는 아내이자 동료 교사인 윤나라, 성심껏 출간에 힘써 주신 파란정원 출판사 관계자분들께 깊은 고마움과 감사의 말을 전하고 싶습니다.

전기현

차례

01 고래도 춤추게 하는 칭찬 | 10
02 칭찬이 만들어 낸 '그릿' | 12
03 칭찬은 응원의 메시지 | 14

1장 칭찬일기 어떻게 쓸까?

01 칭찬은 어떻게 찾을까? | 18
02 무엇을 준비할까? | 22
03 일기 어떻게 쓸까? | 24
04 미리 약속하기 | 27

2장 칭찬 언어가 뭐야?

- 01 성장하다 | 32
- 02 용감하다 | 34
- 03 마음이 넓다 | 36
- 04 자랑스럽다 | 38
- 05 성실하다 | 40
- 06 배려심이 있다 | 42
- 07 유창하다 | 44
- 08 재치 있다 | 46
- 09 자상하다 | 48
- 10 집중력이 있다 | 50
- 11 겸손하다 | 52
- 12 귀엽다 | 54
- 13 믿음직하다 | 56
- 14 부지런하다 | 58
- 15 정직하다 | 60
- 16 슬기롭다 | 62
- 17 예의 바르다 | 64
- 18 세련되다 | 66
- 19 민첩하다 | 68
- 20 꼼꼼하다 | 70
- 21 인내심이 있다 | 72
- 22 적극적이다 | 74
- 23 정의롭다 | 76
- 24 친화력이 좋다 | 78
- 25 리더십이 있다 | 80
- 26 책임감이 있다 | 82
- 27 침착하다 | 84
- 28 결단력이 있다 | 86
- 29 호기심이 많다 | 88
- 30 창의적이다 | 90

3장 도전, 칭찬일기

- 01 첫 번째 칭찬일기 | 94
- 02 두 번째 칭찬일기 | 98
- 03 세 번째 칭찬일기 | 102
- 04 네 번째 칭찬일기 | 106
- 05 다섯 번째 칭찬일기 | 110
- 06 여섯 번째 칭찬일기 | 114
- 07 일곱 번째 칭찬일기 | 118
- 08 칭찬일기를 읽다 | 122

에필로그 | 124

1 고래도 춤추게 하는 칭찬

여러분은 혹시 '피그말리온 효과'라는 말을 들어본 적 있나요? 피그말리온 효과란 진심 어린 칭찬과 격려가 어떤 사람에게 계속 주어지면 실제로 그 사람에게 좋은 변화가 일어나는 현상을 말해요. 미국 하버드대학교 심리학과 교수였던 로젠탈 교수는 이 피그말리온 효과를 확인하기 위해 한 학교에서 직접 실험을 하였답니다. 무작위로 일부 학생을 뽑아 칭찬과 격려의 효과를 탐색했지요. 마치 다음과 같은 실험처럼 말이죠.

오랜 시간이 지난 후, A의 경우처럼 지속해서 칭찬과 격려를 받은 아이들은 과연 어떻게 되었을까요? 결과는 대단히 놀라웠어요. 칭찬하는 분위기 속에서 교육을 받았던 아이들이 그렇지 못한 아이들에 비해서 글을 읽고 쓰는 힘, 탐구하는 힘 등이 훨씬 더 많이 성장해 있었어요.

아마 여러분도 비슷한 경험이 있을 거예요. 수업 시간에 선생님께 칭찬을 받았던 과목이 왠지 좋아지고, 그 다음부터 더욱 열심히 공부하게 되는 마법처럼 말이에요. 물론 칭찬은 학습뿐만 아니라 우리의 마음이 건강하게 자라는 데에도 큰 도움을 주어요. 마음을 성장시키는 칭찬은 다음과 같은 세 가지 효과까지 있답니다.

1 칭찬은 의욕을 일으키고 우리의 재능을 살려 준다.

칭찬을 통해 인정받았다는 느낌을 얻어 자신감이 생겨 더욱 노력하게 돼요.

2 칭찬은 스스로 일어설 수 있게 만든다.

칭찬을 통해 '다른 사람이 시켜야만 움직이는 사람'이 아닌 '스스로 생각하고 행동하는 주도적인 사람'으로 변해요.

3 칭찬은 좋은 습관을 갖게 해 준다.

칭찬을 받으며 올바르고 훌륭한 습관을 꾸준히 이어갈 수 있는 힘을 얻게 돼요.

2 칭찬이 만들어 낸 '그릿'

우리는 누구나 대단한 일을 해낼 수 있는 가능성과 힘을 가지고 있어요. 단지 그것을 이루어냄과 못 이루어냄의 차이는 나 자신을 격려하고 칭찬하며, 꾸준한 끈기를 발휘할 수 있느냐에 달렸지요.

그래서 아무리 뛰어난 사람도 자신에 대한 꾸준한 믿음과 격려 없이 매일 스스로를 탓하고 불평만 한다면, 절대 자신이 원하는 자리에 올라가지 못할 거예요. 어떤 목표를 세우고 그것을 위해 노력할 때마다 나에게 칭찬과 격려를 보낸다는 것은, 마치 씨앗에 물을 주는 것처럼 싹을 틔워 주는 멋진 일이기에 참 중요하답니다.

싹은 갑자기 하루 밤에 큰 나무로 자라지 않아요. 오랜 시간 동안 공을 들여

성싱으로 키워야만 나무로 잘 자랄 수 있는 것처럼 매일 조금씩 자신에 대한 칭찬과 격려를 꾸준히 쌓는다면, 언젠가는 커다랗게 자리있는 나의 '그릿(꾸준히 노력하는 열정적인 끈기)'을 발견할 수 있을 거예요. 더불어 커다란 자신감과 용기도 갖게 되고 말이죠.

세계적인 동기 부여 전문가인 앤드류 매튜스는 이런 말을 했어요.

칭찬을 피하지 말고 받아들여야 한다. 성공하기 위해서는 자신의 가치를 제일 먼저 깨달을 필요가 있기 때문이다.

이 말처럼 칭찬을 통해 자신의 가치를 깨달았을 때 우리가 가지고 있는 에너지는 더욱 풍부해질 수 있답니다.

자동차가 먼 길을 달리기 위해서는 연료가 떨어지지 않게 계속 보충해 주어야 하듯 우리도 의지와 에너지가 낮아질 때마다 스스로를 칭찬하며 열정적인 끈기의 힘을 키운다면, 우리가 원하는 목표에 좀 더 가까워질 수 있을 거예요.

3 칭찬은 응원의 메시지

　칭찬이 얼마나 소중한 것인지 함께 알아보았어요. 그렇다면 스스로 '어떻게' 칭찬하는 것이 좋을까요? 자신에게 건네는 칭찬을 직접 말로 하는 것도 좋지만, 말로 한 칭찬은 금방 사라져 다시 떠올려 보려고 해도 잘 기억이 나지 않을 때가 많아요.

　그럼 오랫동안 칭찬을 남기려면 어떤 방법이 있을까요? 맞아요. 손으로 쓰는 방법이에요. 손으로 쓴다는 것은 칭찬을 직접 글로 적는 것으로, 하루하루 칭찬이 쌓이다 보면 어느덧 수많은 날의 기록이 모인 '칭찬일기'가 될 수 있어요. "윽, 일기라고?" 하며 벌써 손사래를 치고 있나요? 하지만, 칭찬일기는 사소한 일이라도 그것을 칭찬하며 나의 머리를 쓰다듬어 줄 5분이면 충분해요.

그럼, 우리 함께 스스로에게 멋진 칭찬을 해 보도록 해요. 나에게 줄 수 있는 가장 따뜻한 칭찬의 메시지! 지금 시작해요.

언제나 미소를 잃지 않고 사람들에게 밝게 인사하는 나, 참 마음이 따뜻해서 좋아!

교실이 더러워질 때마다 청소를 열심히 하는 나는 우리 반의 청결 지킴이!

나를 칭찬해 보세요.

1장

칭찬일기 어떻게 쓸까?

1 칭찬은 어떻게 찾을까?

1 시선을 바꾸면 칭찬이 보인다

"우루 쾅쾅!"

선생님이 교실에 들어와 의자에 앉으려는 순간, 갑자기 큰 소리가 교실에 울려 퍼졌어요. 선생님은 깜짝 놀라 온몸을 떨었지요.

"또야? 넌 도대체 언제 철이 들래?"

멀리서 웃고 있는 한 아이를 바라보며 선생님이 화가 나서 소리쳤어요. 선생님의 의자 밑에는 아이가 만들어 숨겨 놓은 폭음탄이 있었던 거예요.

며칠 후 하교 시간, 아이들이 자전거 보관소 앞에서 당황한 채 모여 있었어요. 누군가가 자전거 자물쇠 비밀번호를 전부 바꿔 놓았기 때문이었어요. 역시 이번에도 선생님 의자 밑에 폭음탄을 설치했던 그 아이였지요. 참다못한 선생님은 그 아이의 부모에게 전화를 했어요.

"아이가 좀처럼 학교에서 하라는 공부는 안 하고 말썽만 피운답니다. 도무지 장점이라고는 없는 아이예요."

아이의 부모는 그 말을 듣고 마음이 참 속상했어요. 하지만 장점이 없다는 선생님의 말에는 동의하지 않았어요. 아이가 갖고 있는 장점은 분명히 다른 곳에 있을 것이라고 생각했지요.

아이는 평소에도 밖으로 나가 놀지도 않고 창고에서 끝없는 모험을 즐기곤 했어요. 부모는 다른 이웃들이 아이에 대해 걱정할 때마다 "우리는 아이

를 믿습니다."라고 말하며 아이를 항상 칭찬하고 응원해 주었어요.

　다른 사람들이 보기에는 장점이 부족해 보였지만, 아이는 사실 무언가를 창의적으로 조립하고 분해하는 뛰어난 재능이 있었어요. 학교 공부보다는 전자 부품들을 모아서 만들고 부수는 일들이 더 재미있었던 거예요. 여러분은 혹시 '아이폰'과 '아이패드'를 만들어 세상을 놀라게 했던 스티브 잡스를 알고 있나요? 이 아이는 후에 그 '스티브 잡스'가 됩니다.

　이처럼 시선을 달리 하면 단점이 장점이 되고 재능이 됩니다. 우리는 누구나 갖고 있는 색깔이 다르기에 칭찬도 다르게 받아야 한답니다.

이제 소중한 나를 제대로 칭찬하기 위해 시선을 달리 해 볼 거예요. 예를 들어, 성격이 조용하고 부끄러움이 많아 말을 쉽게 못 건네는 한 아이가 있어요. 이 아이는 '나는 남들 앞에서 말을 잘 못해. 도대체 나는 왜 적극적으로 말하지 못할까?'라며 자신을 탓할 때가 많아요.

하지만 시선을 바꿔 '나는 다른 사람의 말을 잘 들어주고 공감해 주는 장점이 있어. 그래서 사람들도 나에게 말을 많이 건네지. 잘 들어 주는 나, 참 멋져.'라고 생각하니 또 다른 모습이 보여요.

누구나 남들과는 다른 장점이 있고 재능이 있어요. 그것이 당장은 화려하고 커 보이지 않아도, 꾸준히 칭찬하고 격려한다면 언젠가는 크게 드러나게 돼요. 먼저 내가 노력하고 있는 것, 그리고 내가 계획하여 실천하고 있는 사소한 것들부터 칭찬해 보세요. 이 작은 칭찬이 나를 크게 만들 거예요.

2 칭찬을 찾아라

 혹시라도 나에게 건넬 칭찬이 잘 떠오르지 않을 때는 다음 내용을 참고로 써 보세요. 또, 혹시 사소하게 생각해서 '이게 칭찬할 일인가?'라고 여겼던 일이 있는지도 다시 생각해 보면 분명 기특한 내 모습을 곧 발견할 수 있을 거예요.

어때?
칭찬이 막 떠오르지?

- 내 몸을 아끼고 소중히 한 일
- 부모님, 가족 또는 선생님을 사랑하고 아낀 일
- 이웃이나 친구에게 먼저 인사하고 예의 바르게 행동한 일
- 친구와의 우정을 돈독히 한 일
- 할 일을 미루지 않고 바로 해낸 일
- 속상하거나 억울하였지만 이를 잘 이겨내고 성장한 일
- 내가 성실하게 꾸준히 잘 해내고 있는 일

2 무엇을 준비할까?

칭찬일기를 쓰기 위해서는 무엇이 있어야 할까요? 뭔가 대단한 준비물이 필요할 것 같다고요? 전혀 그렇지 않아요. 칭찬일기를 쓸 때는 딱 두 가지만 있으면 돼요.

첫 번째로 필요한 것은 바로 수첩이나 다이어리예요. 요즘엔 예쁜 모양의 다이어리가 참 많아요. 그중 여러분이 좋아하는 다이어리를 고르면 돼요. 단, 여러 칸으로 나누어져 특별한 틀이 정해져 있는 다이어리보다는 간단하게 줄만 쳐져 있는 기본 다이어리가 좋아요.

칭찬일기를 쓸 다이어리가 정해지면, 애칭이나 이름을 지어 표지를 예쁘게 꾸며도 좋아요. 앞으로 꾸준히 나와 함께 할 소중한 칭찬일기이기에 사랑하는 마음을 듬뿍 주어야 해요.

<mark>두 번째로 필요한 준비물은 연필과 같은 필기구예요.</mark> 칭찬일기를 쓰려면 꼭 필요한 단짝 친구지요. 칭찬일기를 쓸 때는 지울 수 없는 볼펜보다는 연필로 깔끔하게 쓰고, 색연필이나 색볼펜은 알록달록 예쁘게 꾸밀 때 사용하면 좋아요.

요즘은 휴대폰이나 컴퓨터에 일기를 쓰는 친구들도 있지만, 칭찬일기를 쓸 때는 손으로 직접 쓰면서 정성을 쏟았으면 해요. 나의 글씨로 써 내려가는 이 세상에 하나뿐인 칭찬일기장, 오랜 후에 열어 보면 재미있지 않을까요? 그렇다고 꾸미기에만 너무 집중하면 안 되겠지요?

3 일기 어떻게 쓸까?

1 자세하고 생생하게

칭찬일기는 길게 쓰기보다 2~4줄이라도 내가 하고 싶은 칭찬을 자세히 썼으면 그것으로 충분해요. 괜스레 길게 쓰려고 늘이다 보면 과장하거나 거짓 칭찬을 쓸 수 있어요. 그래서 칭찬일기는 길게 쓰기보다 칭찬의 내용을 '자세하고 생생하게' 쓰는 것이 더 중요해요. 반대로 너무 단순하게 칭찬일기를 쓰는 것 역시 무엇을 칭찬하는지 알지 못할 수 있어요.

오늘 친구랑 함께 논 나는 참 대견했다.

↓

① 칭찬하는 상황 + ② 칭찬하는 까닭 + ③ 칭찬 언어

칭찬하는 까닭에 이어 칭찬 언어를 연결해서 칭찬할 수 있어요.

❶ 혼자 있는 준호에게 내가 먼저 다가가서 운동장에서 함께 놀자고 했어.
❷ 친구에게 용기를 내서 다가간 나의 마음이 ❸ 참 대견스러워.

이처럼 칭찬을 할 때는 칭찬하는 상황, 칭찬하는 까닭, 칭찬 언어 순으로 자세하고 생생하게 써야 왜 칭찬을 하는지 정확하게 알 수 있답니다.

2 꾸준하고 솔직하게

칭찬일기는 나 자신에게 쓰는 것이에요. 보통 학교에서 쓰는 일기는 선생님이나 부모님께 검사를 맡아야 하는 경우가 많지만, 칭찬일기는 누구에게 꼭 보여 주지도 않아도 돼요. 누군가에게 보여 줘야 한다고 생각하면 솔직한 칭찬을 하기 힘들기 때문이에요.

칭찬일기를 쓸 때는 나만 본다고 생각하고 솔직하게 칭찬해 주세요. 이 칭찬을 통해 여러분은 미래의 나로 조금씩 성장해 나아갈 거예요. 솔직한 칭찬은 나를 응원하고 지지하는 큰 힘이 된답니다.

3 칭찬이 떠오를 때 바로바로

칭찬일기는 하루를 정리하며 쓰는 보통의 일기와 다르게 칭찬할 내용이 떠오르면 바로 쓰는 것이 좋아요. 이왕이면 일기장에 바로 자세히 적는 것이 좋지만, 상황이 안 될 때는 칭찬 아이디어를 간단히 메모해 두고, 여유가 생겼을 때 다시 자세히 적으면 된답니다. 대신 날짜는 꼭 적어야 해요. 칭찬일기는 차례차례 쌓이는 나의 보물이기 때문에 날짜를 기록해야만 흐름이 이어질 수 있어요.

그럼 칭찬일기를 쓰며 맞춤법에도 신경 써야 할까요? 이왕이면 맞춤법에 맞게 쓰면 좋겠지만, 실수해서 맞춤법이 틀리더라도 괜찮아요. 칭찬일기는 누구에게 검사를 빋기 위해서 쓰는 것이 아니라, 자신에게 보내는 응원의 메시지예요. 때문에 맞춤법이 틀린다고 해서 그 누구도 뭐라 하지 않아요. 실수해도 괜찮다는 이야기예요.

또 하나! 한 편, 한 편씩 칭찬일기를 쓰는 동안 낱말들을 많이 보고 글짓기에 활용하게 되면서 맞춤법과 글쓰기 실력도 자연스럽게 늘게 되지요. 마치 당장은 휴대폰의 기능을 하나하나 자세히 모르더라도 막상 쓰다 보면 나중에 자연스레 하나씩 익히게 되는 것처럼 말이죠. 그러니 걱정하지 말고 용기 있게 써 보는 거예요.

4 미리 약속하기

식사 후에는 꼭 양치를 해야 하듯이, 다음은 칭찬일기를 쓰며 자연스러운 습관처럼 길들여져야 할 약속이에요.

1 칭찬하는 이유 꼭 넣기

단순히 칭찬만 쓰기보다 칭찬하는 이유를 구체적으로 함께 쓸 때, 나 자신에게 더 큰 힘을 줄 수 있어요.

2 잘못을 포장하지 않기

칭찬에만 집중하다 보면 어느새 잘못까지도 포장하는 일이 생길 수 있어요. 잘못을 이겨내려고 하는 자세를 칭찬해야지, 잘못을 포장만 해서는 발전이 없기 때문에 이를 주의해야 해요.

3 '나'에게 속삭이듯 쓰기

칭찬일기를 쓸 때는 자신에게 속삭이듯 쓰는 것이 좋아요. '너'보다는 '나'를 강조하며 칭찬의 힘을 더 크게 만들어요.

4 칭찬일기 읽어 보기

일주일에 한 번이라도 칭찬일기를 다시 읽어 보며 나를 또 한 번 칭찬해 주세요. 의외로 오랫동안 마음에 깊은 울림으로 남는답니다.

2장

칭찬 언어가 뭐야?

칭찬할 때 사용하는 칭찬 언어에는 과연 어떤 말들이 있을까요? 칭찬 언어들은 따뜻한 힘을 준다는 묘한 매력의 공통점이 있어요. 다음 칭찬 언어들을 소리 내어 따라 읽어 봐요.

장하다 · 기특하다 · 용감하다
멋지다 · 훌륭하다 · 귀엽다 · 듬직하다
마음이 넓다 · 자랑스럽다 · 성실하다
마음이 따뜻하다 · 좋다 · 놀랍다
고생했다 · 배려심이 있다
끈기가 있다 · 재치 있다
대견하다 · 자상하다

어떤가요? 칭찬 언어를 읽으며 절로 기분이 좋아지지 않았나요? 이처럼 말이 주는 힘은 강해서 우리의 마음과 생각을 변화시키기도 해요. 그중 칭찬 언어는 우리에게 큰 용기와 격려를 주지요.

우리 머릿속의 뇌는 따뜻한 말을 참 좋아해서 따뜻한 말로 칭찬을 계속하다 보면, 우리의 뇌에서 좋은 생각을 돕는 물질인 도파민과 세로토닌이 많이 만들어진다고 해요. 눈에는 보이지 않는 이 물질들은, 기쁨과 즐거움을 우리의 마음으로 잘 전달해 주어 우리 얼굴에 행복한 미소를 짓게 하지요.

　하지만 이 칭찬 언어가 '제대로' 쓰이는 경우는 의외로 드물어요. 칭찬 언어를 제대로 사용하는 법을 배워 칭찬 언어의 진가를 발휘할 수 있게 해요.

> ① 칭찬하는 상황 + ② 칭찬하는 까닭 + ③ 칭찬 언어
>
> ❶ 급식 시간에 팔을 다친 친구를 위해 식판을 대신 들어 주었어.
> ❷ 친구를 위해 나서서 도와준 나, ❸ 배려심 있는 모습이 예뻐.

　　이처럼 구체적으로 칭찬하는 상황과 까닭을 말해야 칭찬을 수긍하고 받아들일 수 있어요.

　그럼, 이제부터 칭찬 언어들을 하나하나 자세히 살펴보며 우리의 마음을 푸르게 가꾸어 가는 연습을 시작해요.

01 성장하다

나날이 자라 점점 커지다 유 발전하다

'성장하다'라는 말은 어떤 한 사람이 예전에 비해 더욱 크게 자라거나 나아질 때 사용하는 말이에요.

어떠한 목표를 위해 노력하는 과정에서 '성장'은 주로 이루어져요. 한자를 매일 공부해서 더 많이 알게 된 것처럼 눈에 띄는 성장도 있고, 마음이 튼튼해지고 넓어지는 것과 같은 눈에 보이지 않는 성장도 있어요.

칭찬 언어 적용하기

먹을 것을 두고 동생과 자주 다투던 내가 이제는 동생에게 먼저 양보도 하며 챙겨 주고 있어. 나, 참 많이 **성장했는데?**

예전엔 수업 시간에 친구들 앞에서 발표하는 것이 마냥 두렵기만 했었어. 그렇지만 앞에 나가 말하는 연습을 용기내서 하다 보니 점점 익숙해지고 있어. **성장하고** 있는 것 같아 기쁘다.

처음 태권도를 배우기 시작했을 때는 참 어렵고 힘들게만 느껴졌었는데, 이제는 배우는 것이 조금씩 즐겁고 재미있게 느껴져. 벌써 재미를 붙이게 된 나, 점점 **성장하고** 있구나. 힘내자!

나를 칭찬해!

성장한다는 것은 내가 계속 앞으로 나아가고 있다는 것이에요.

02 용감하다

용기가 있으며 씩씩하고 기운차다 유 씩씩하다

'용감하다'라는 말은 어떤 것을 두려워하거나 겁내지 않고 씩씩하게 맞설 때 사용하는 말이에요.

용감한 모습은 힘들거나 두려운 일을 마주했을 때 이겨내려는 모습으로 체육대회 날에 하는 장애물달리기 경주에서 겁내지 않고 도전하는 용감한 모습도 있고, 따돌림과 괴롭힘을 당하는 친구를 위해 나서서 도와주려고 하는 용감한 모습도 있어요.

칭찬 언어 적용하기

쉬는 시간에 친구들과 함께 고무줄놀이를 하는데, 모르는 남자아이들이 계속 이유 없이 방해하려고 했어. 처음엔 상냥하게 말했지만 계속되는 괴롭힘에 당당하게 나서서 하지 말라고 말했어. 겁먹지 않고 당당하게 말한 나, 참 **용감했어.**

긴장되고 떨리는 마음으로 나선 피아노 대회 날, 많은 친구들과 부모님이 보는 앞에서 **용감하게** 피아노 연주를 시작했어. 나 참 멋있었어.

스키장에서 처음 배워 보는 스노보드에 올라 두렵고 떨리는 마음을 누르고 타 보았어. 두려움을 이겨낸 나, 참 **용감해.**

용감하다는 것은 결코 쉽지 않은 일을 이겨내려고 하는 굳센 마음이에요.

03 마음이 넓다

생각의 범위가 넓고 너그럽다 유 대범하다

'마음이 넓다'라는 말은 누군가가 가진 마음의 씀씀이가 너그럽고, 생각하는 것이 다른 이들보다 더 넓고 여유로울 때 사용하는 말이에요.

다른 사람의 잘못을 하나하나 따져가며 탓하지 않고 오히려 웃으며 포근하게 안아줄 수 있는 마음, 사소한 것에 얽매이지 않고 어떤 일을 보다 크고 넓게 보려는 마음, 이러한 마음들이 모일 때 '마음이 넓다'라고 해요.

칭찬 언어 적용하기

나중에 먹으려고 아껴 놓은 아이스크림을 동생이 몰래 꺼내 먹었을 때, 웃으며 이해해 준 내 **넓은 마음이** 좋아.

실수로 내 옷에 물감을 떨어뜨려 어쩔 줄 몰라 하는 친구가 더 당황하지 않도록 괜찮다며 웃어 준 내 마음, 참 **바다같이 넓구나.**

피구 경기에서 같은 팀 친구가 공을 잘 못 던져도 이해해 주며 도와주려고 하는 내 **마음이 참 넓은** 것 같아 뿌듯해.

04 자랑스럽다

남에게 드러내어 뽐낼 만한 데가 있다 유 **대견하다**

'자랑스럽다'라는 말은 다른 사람에게 드러내어 뽐내고 싶은 것이 있을 때 사용하는 말이에요.

목표한 어떠한 것을 이루기 위해 꾸준히 노력하여 좋은 결과를 끌어냈을 때 우리는 자랑스럽다고 말할 수 있지요. 어느 누가 보아도 훌륭하다고 칭찬할 수 있는 일을 했을 때 참된 자랑이 이루어질 수 있답니다.

칭찬 언어 적용하기

친구와 함께 도전했던 로봇 만들기를 드디어 완성했어. 열심히 노력한 나와 내 친구가 참 자랑스러워.

1년 동안 모은 용돈을 도움이 필요한 아프리카 친구에게 기부했어. 큰돈은 아니지만 내 작은 힘을 보탰다는 게 너무 자랑스러워.

열심히 노력하여 준비한 학교 글짓기 대회에서 당당하게 우수상을 받았어. 좋은 결과를 얻은 내가 정말 자랑스러워.

나를 칭찬해!

자랑스럽다는 것은 크기에 상관없이 어떤 것을 노력해서 이루었을 때 느끼는 마음이에요.

05 성실하다

정성스럽고 참되다 유 착실하다

'성실하다'라는 말은 어떤 일에 정성을 다해 참되게 노력할 때를 가리켜 사용하는 말이에요.

마음을 어떻게 먹느냐에 따라서 그 행동까지 달라지는 경우가 참 많지요. 같은 행동을 하더라도 억지로 대충할 때와 진심을 다할 때의 모습은 확연히 차이가 나요. 진심으로 정성을 쏟아 노력할 때 비로소 성실한 모습이 나타나지요.

칭찬 언어 적용하기

매일 영어 단어 10개씩을 외우기로 결심하고, 드디어 30일이 되는 날이야. 하기 싫은 날도 있었지만 성실하게 하루도 빠지지 않고 외운 나를 많이 칭찬해.

학교 댄스 동아리 활동에 빠지지 않고 꾸준히 참여했더니, 드디어 내가 좋아하는 가수의 춤을 모두 외울 수 있었어. 성실한 내 모습이 참 좋아.

교실 청소를 할 때 우리 반을 깨끗하게 만들어야겠다고 다짐하니 더욱 열심히 할 수 있었어. 성실하게 청소를 한 내 모습이 참 멋있어.

나를 칭찬해!

성실하다는 것은 나 자신과 남을 속이지 않는 참된 마음이에요.

06 배려심이 있다

도와주거나 보살펴 주려는 마음이 있다

'배려심이 있다'라는 말은 누군가를 위해 도와주려 하거나 보살피려 하는 마음을 가지고 있을 때 사용하는 말이에요.

배려심은 다른 사람에게 크고 거창한 도움을 주었을 때의 마음만 가리키는 것은 아니에요. 작고 사소한 일이라도 다른 사람에게 도움을 주거나 보살피려고 하는 마음을 가진다면 이미 충분한 배려심이 있는 것이지요.

칭찬 언어 적용하기

감기에 걸려 끙끙 앓고 있는 동생을 위해 따뜻한 물과 약을 챙겨 주었어. 동생을 보니 마음이 참 아프고 걱정돼. 아픈 동생을 보살피려는 **배려심이 있는** 나, 동생을 참 사랑하는 형이야.

버스에서 자리에 앉아 집에 가고 있는데, 짐을 많이 들고 계신 한 할머니가 타셨어. 힘들게 서 계신 것 같아 얼른 자리를 양보해 드렸어. 할머니를 위해 자리를 양보한 나, 참 **배려심이 있어.**

요즘 열심히 배우고 있는 탁구를 쉬는 시간에 친구와 치고 있는데, 옆에서 계속 기다리고 있는 동생들이 보였어. 더 치고 싶었지만 기다리는 동생들을 위해 자리를 양보해 주었지. **배려하는** 마음을 실천한 나, 참 대견해.

배려심이 있다는 것은 다른 사람을 돕거나 보살피려고 하는 예쁜 마음이에요.

07 유창하다

말을 하거나 글을 읽는 것이 물 흐르듯이 거침이 없다　유 유려하다

　글을 소리 내어 읽거나 다른 사람들과 말을 할 때, 더듬거리지 않고 막힘없이 자연스러운 모습을 가리켜 우리는 '유창하다'라고 말해요.
　국어 토론 시간에 나의 생각을 막힘없이 또박또박 전달하는 말솜씨나 예쁜 동시나 재미있는 이야기를 친구들 앞에서 자연스럽게 술술 발표하는 모습들이 바로 유창하다고 할 수 있는 모습이죠.

칭찬 언어 적용하기

학교에서 열린 영어 말하기 대회 날, 친구들 앞에서 그동안 갈고닦았던 영어 실력을 마음껏 보여 주었어. 막힘없이 유창하게 발표한 내가 참 자랑스러워.

기다리고 기다리던 학급 임원 선거날이 왔어. 당당하게 앞으로의 다짐과 계획을 친구들에게 힘주어 말했지. 준비한 연설문을 막힘없이 유창하게 말한 내가 참으로 대견한 것 같아.

선생님이 국어 시간에 지난 주말에 있었던 일을 글로 쓰고 발표해 보자고 말씀하셨어. 긴장되긴 했지만 용기를 내서 손을 들었지. 내가 쓴 글을 또박또박 막힘없이 친구들 앞에서 읽고 나니 왠지 자신감이 붙었어. 유창하게 말하였던 나, 참 멋있다.

유창하다는 것은 사람들 앞에서 이야기를 명확하게 전달할 수 있는 모습이에요.

08 재치 있다

눈치 빠른 재주가 있거나 말솜씨가 능란하다

'재치 있다'라는 말은 다른 사람들과 주고받는 말솜씨가 능수능란하거나 눈치 빠른 행동을 보여줄 때 쓰는 말이에요.

재미있는 말과 몸짓으로 모두를 웃음 짓게 만들거나 재주 넘치는 솜씨로 그 어떤 변화에도 쉽게 잘 따라가는 모습. 또, 어떤 어려운 일을 앞두고 고민하고 있다가도 기발한 생각으로 위기를 헤쳐 나가는 모습들이 '재치가 있는' 모습이에요.

칭찬 언어 적용하기

우리 반의 첫 학급 회의 시간, 모두가 긴장하고 있을 때 내가 건넨 농담 덕분에 친구들이 마음을 녹일 수 있었어. **재치 있던** 나, 참 좋았어.

친구들과 함께 그리던 협동화에 누군가의 실수로 물감 한 방울이 떨어져 모두가 몹시 당황했지. 그때, 그 물감 위로 새로운 무늬를 내가 예쁘게 그려 넣었어. 다행히 친구들은 모두 좋아하고 기뻐해 주었어. **재치 있는** 도움으로 모두를 안심시킨 나, 참 잘했어.

새 학기 첫 자기소개 시간, 처음 만난 친구들이 서로 어색하게 자기소개를 했어. 난 분위기를 밝게 하기 위해 일부러 재미있는 몸짓과 표현으로 나를 소개하였어. 덕분에 모두가 웃으며 즐겁게 소개를 진행할 수 있었지. **재치 있게** 나를 소개한 내가 참 멋있었어.

재치가 있다는 것은 어려운 것을 쉽게 만드는 마법을 가지고 있어요.

09 자상하다

인정이 넘치고 정성이 지극하다 유 친절하다

'자상하다'라는 말은 다른 누군가에게 정답고 인정 있게 대할 때를 가리켜 쓰는 말이에요.

친구가 말 못할 고민으로 홀로 힘들어 할 때 모른 척 지나가지 않고 따뜻하게 마음을 어루만져 주는 것, 이런 마음이 바로 '자상하다'라고 할 수 있어요. 이는 다른 이를 정성스럽게 아끼는 마음에서 출발해요.

칭찬 언어 적용하기

며칠 전, 길을 물으시는 한 할머니께 친절하게 길을 알려 드렸어. **자상한** 모습의 나, 정말 기특한 것 같아.

수학 문제를 풀기 어려워하는 동생에게 친절하게 하나하나 풀이 방법을 알려 주었어. **자상하게** 설명해 준 나, 너그러운 누나가 된 것 같아서 기분이 좋아.

친구 문제로 힘들어 보이는 짝꿍에게 먼저 다가가서 고민도 들어 주고 함께 정답게 이야기를 나누었어. **자상한** 마음으로 친구를 대한 나, 오늘 참 괜찮아 보인다.

자상하다는 것은 진심으로 상대방을 배려할 줄 아는 마음이에요.

10 집중력이 있다

한 가지 일에 모든 힘을 쏟아 붓는 능력이 있다

'집중력이 있다'라는 말은 어떤 일에 모든 힘을 쏟아 붓는 모습을 보여 줄 때 사용하는 말이에요.

이 세상의 수많은 업적은 오랜 시간 동안 그것에만 열중했던 누군가의 대단한 집중력으로 이루어질 수 있었어요. 마찬가지로 우리가 하고 있는 많은 일들도 집중력을 가지고 노력한다면 모두 이루어낼 수 있을 거예요. 그만큼 집중력 있는 모습은 칭찬 받을 만한 가치 있는 모습이라고 할 수 있답니다

칭찬 언어 적용하기

오늘 학교 대표로 출전했던 바둑 대회에서 최대한 깊이 집중하려고 했어. 열심히 노력한 것이 효과를 봤는지, 다행히 실수 없이 승리할 수 있었어. 집중력 있는 나 자신이 참 대견해.

주말 아침을 맞아 집 근처 도서관에 갔어. 읽고 싶었던 소설책이 있어서 자리에 앉아 폈는데 한참을 읽다보니 어느덧 배가 고파졌어. 시간을 보니 벌써 12시가 되어 있었지 뭐야. 내가 이렇게 집중해서 책을 읽었다니, 참 놀라웠어. 나 참 집중력 있는데?

드디어 찾아온 오카리나 수행평가! 그동안 열심히 연습해 온 것을 멋지게 보여 주려고 단단히 마음을 먹었어. 난 집중해서 실수 없이 오카리나를 연주했지. 집중력 있게 연주에 성공한 나, 참 자랑스러워.

집중한다는 것은 무언가에 깊이 빠져드는 열정을 보여 주는 것이에요.

11 겸손하다

남을 존중하고 자기를 내세우지 않는 태도가 있다

'겸손하다'라는 말은 다른 사람을 존중하면서도 막연한 자기자랑을 하지 않는 태도를 가리키는 말이에요.

유대인들의 정신적 버팀목이 되는 책인 '탈무드'에는 이런 말이 있어요.

'가장 훌륭한 지혜는 친절함과 겸손함이다.'

겸손함은 '다른 사람을 존중하기'에서부터 시작돼요.

칭찬 언어 적용하기

오늘 옆 반 친구들과 함께 한 축구 경기에서 멋지게 골을 넣어 우리 팀이 4:0으로 이겼어. 자랑스러운 마음이 컸지만 으스대지 않고 상대팀을 격려해 주었어. **겸손한** 태도를 보인 나, 참 멋있어.

2학기 학급 임원 선거에 나가 원하던 학급 부회장에 당선되었어. 함께 후보로 나온 친구 3명이 더 있었는데, 결과가 나온 후에 으스대지 않고 오히려 그 친구들에게 고맙다고 먼저 인사를 건네자 친구들도 고마워했어. **겸손한** 모습을 보인 나, 성장한 것 같아 기쁘다.

친구들과 함께 도전한 독서 골든벨 대회에서 우리 반 대표로 상을 받게 되었어. 기분이 날아갈 것 같았지만 떨어져 속상해 하는 친구들을 생각하며 지나치게 뽐내지 않은 채 기쁨을 만끽했어. 내 모습, **겸손할** 줄 알아서 좋아.

겸손하다는 것은 남을 귀하게 대할 줄 알고, 참된 자랑을 할 수 있음을 의미해요.

12 귀엽다

예쁘고 곱거나 애교가 있어서 사랑스럽다   유 깜찍하다

'귀엽다'라는 말은 어떤 사람의 외모가 예쁘고 사랑스러울 때만을 가리키지는 않아요. 말과 행동이 예쁘고 사랑스럽도록 노력할 때에도 '귀엽다'라고 표현해요.

기분이 우울해 보이는 엄마를 위해 재롱을 피우는 모습, 우리 반의 밝은 분위기를 위해 예쁜 꽃 장식을 만들어 출입문에 몰래 걸어 두는 모습들과 같은 것들이 바로 '귀여운' 모습이지요.

칭찬 언어 적용하기

힘들게 일하고 돌아오신 아빠를 향해 방긋 웃으며 춤을 춰 드렸어. 아빠를 환하게 웃게 만드는 나의 **귀여운** 모습이 좋아.

친구와 함께 만든 동시집에 예쁜 그림과 무늬를 넣어 꾸몄어. 동시집을 아기자기하게 꾸밀 줄 아는 나, 참 **귀여운** 것 같아.

우리 집에 놀러온 네 살 사촌동생을 위해 귀엽고 예쁜 곰돌이 쿠키를 만들어 주었어. 귀여운 곰돌이 쿠키처럼 사촌동생을 사랑하는 나의 마음도 참 **귀여운** 것 같아.

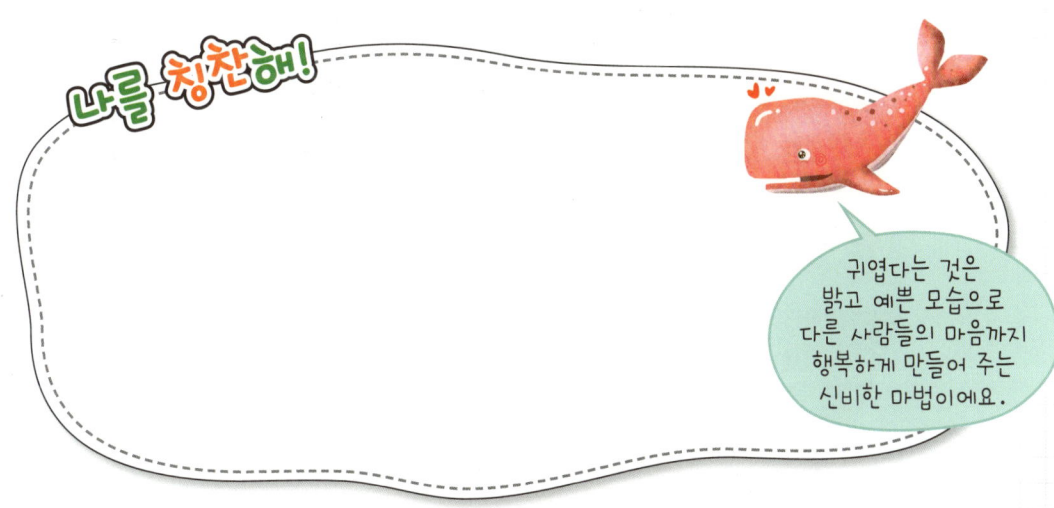

귀엽다는 것은 밝고 예쁜 모습으로 다른 사람들의 마음까지 행복하게 만들어 주는 신비한 마법이에요.

13 믿음직하다

매우 믿을 만하여 든든하다 유 듬직하다

'믿음직하다'라는 말은 누군가의 말과 행동이 굳센 믿음을 줄 때 사용하는 말이에요.

짧은 시간 동안의 노력과 자세만으로는 다른 사람에게 깊은 믿음을 주기 어려워요. 오랜 시간 동안 한결같은 모습으로 믿음을 줄 때 비로소 '믿음직하다'라고 말할 수 있지요.

칭찬 언어 적용하기

짝꿍이 고민이 있을 때마다 함께 이야기를 들어 주려고 노력하고 있어. 친구의 비밀도 잘 지켜 주며 고민을 함께 나누는 나, 정말 **믿음직해**.

동생이 바쁘다며 도서관에서 빌린 책을 대신 반납해 달라고 부탁을 했지. 난 바쁜 동생을 위해 잊지 않고 책을 제때 반납해 주었어. **믿음직한** 오빠의 모습을 보여 줘서 참 뿌듯해.

방과 후에 담임선생님께서 교무실에 가서 가정통신문을 받아와 달라고 부탁하셨어. 나는 친구와 계속 놀고 싶었지만 바로 다녀왔지. 선생님께서 **믿음직하다고** 칭찬해 주셔서 너무 기뻤어.

믿음직하다는 것은 다른 사람에게 한결같이 노력하는 모습을 보여 믿음을 주었다는 뜻이에요.

14 부지런하다

어떤 일을 미루지 않고 꾸준히 열심히 하다 유 근면하다

'부지런하다'라는 말은 누군가가 어떤 일을 미루지 않고 제때 열심히 하는 모습을 가리켜 사용하는 말이에요.

우리는 때론 아침에 늦잠을 자고 싶다거나 방청소를 미루고 마냥 쉬고만 싶은, 그런 마음이 들 때가 있어요. 이럴 때 마음을 추스르고 내가 해야만 하는 일을 먼저 하는 자세가 바로 '부지런한' 자세예요.

칭찬 언어 적용하기

오늘부터 아빠와 함께 시작하기로 한 아침 운동. 내가 일찍 일어나 수건과 물통을 챙겼더니 아빠가 "우리 아들, 참 부지런한데?"라고 칭찬해 주셨어. 왠지 참 뿌듯한 기분이야.

주말 아침마다 우리 집 귀여운 강아지 흰둥이를 운동시키기 위해 공원을 산책하곤 해. 덕분에 우리 흰둥이가 건강하게 잘 지낼 수 있는 것 같아. 부지런하게 강아지를 보살피는 내가 참 기특해.

우리 반에서 내가 맡은 '1인 1역'인 복도 청소를 매일 부지런하게 하였더니 복도가 무척 깨끗해진 것 같아. 부지런한 내 모습, 참 좋아.

부지런하다는 것은 해야 할 일의 우선순위를 잘 세우고, 이를 성실하게 실천하는 모습이에요.

15 정직하다

마음에 거짓이 없으며 바르고 곧다 유 진실하다

 '정직하다'라는 말은 마음과 행동에 거짓이나 꾸밈이 없는, 바르고 진실한 모습을 일컫는 말이에요.
 거짓말을 하지 않고 올곧게 진실을 말할 줄 아는 사람, 다른 사람을 속이지 않고 떳떳하게 스스로 노력하는 사람, 또 자신의 실수나 잘못을 숨기지 않고 떳떳하게 고백할 줄 아는 사람을 우리는 정직한 사람이라고 말해요.

칭찬 언어 적용하기

엄마와 약속한 게임 시간보다 1시간이나 더 넘겼어. 숨길 수도 있었지만, 엄마께 사실대로 이야기하고 내일 게임을 하지 않기로 했어. 좋아하는 게임을 하지 못해 아쉽지만 정직한 내가 참 좋아.

수학 수행평가 문제를 풀다가 고개를 돌렸는데 친구 시험지의 답이 보였어. 그대로 적을까 했지만, 다시 천천히 생각해 보고 내가 풀어서 나온 답을 적었어. 문제는 틀렸지만 정직한 나에게 박수를 보내.

오늘 복도를 지나가다가 천 원짜리 지폐를 주웠어. 잃어버려서 속상해 할 친구를 위해 선생님께 주인을 찾아달라고 부탁드렸어. 정직하게 행동한 나, 오늘 참 잘했어.

정직하다는 것은 남에게 한 점 부끄러움이 없는 떳떳하고 훌륭한 모습이에요.

16 슬기롭다

일을 바르게 판단하고 잘 처리해 나가다 유 총명하다

'슬기롭다'라는 말은 어떤 일을 올바르게 판단해서 지혜롭게 잘 해결해 나가는 모습을 가리키는 말이에요.

학교나 집, 놀이터 등에서 우리는 가끔 해결하기 어려운 문제를 만날 때가 있어요. 이때, 슬기로운 자세와 행동으로 문제를 쉽게 해결할 수 있어요. 친구들끼리 다투고 있을 때 먼저 대화로 풀어 가며 화해해 가는 모습이나 진솔한 가족회의를 통해 서로의 오해를 풀어 가는 모습들이 바로 그것이에요.

칭찬 언어 적용하기

사회 시간에 발표할 모둠신문을 꾸미며 서로 꾸미고 싶은 내용이 겹쳐서 참 곤란했었지만, 의견을 조율하며 신문을 완성할 수 있었어. 슬기로운 우리 모둠이 좋아.

반 아이들이 보드게임을 서로 하겠다고 말다툼을 하고 있었어. 그때 여러 명이 함께 즐기는 단체 대결을 하면 어떻겠냐고 제안을 했지. 다행히 친구들은 그 의견을 반겼고 슬기롭다며 칭찬해 주었어.

단짝 친구인 동석이와 농구를 하다가 그만 다투고 말았어. 내가 먼저 차분하게 동석이에게 사과하고 솔직한 마음을 이야기했더니, 동석이도 미안한 마음을 표현하며 진지하게 나에게 사과를 했어. 침착하게 대화로 오해를 풀어 가려고 노력한 나, 참 슬기로웠던 것 같아서 기특해.

슬기롭다는 것은 현명하고 바르게 일을 해 나가는 지혜를 가지고 있다는 말이에요.

17 예의 바르다

예절과 의리를 바르게 잘 지키다 유 공손하다

'예의 바르다'라는 말은 사람이 지켜야 할 예절과 의리를 바르게 실천하는 모습을 가리켜 사용하는 말이에요.

사람이 지켜야 할 예절이란 웃어른께 공손히 대하는 말과 행동, 처음 보는 이웃에게 먼저 따뜻하게 건네는 인사, 이렇게 상대방을 배려하고 아끼는 말과 행동들이 바로 예의범절을 잘 지키는 모습이랍니다.

칭찬 언어 적용하기

복도에서 마주 친 옆 반 선생님께 공손하고 예의 바르게 인사를 드렸어. 선생님도 환하게 웃으시고 나도 함께 웃었지. 덕분에 마음까지 행복해지며 기분이 참 좋아졌어.

학교에 가려고 엘리베이터를 탔는데, 커다란 짐을 들고 이웃집 할아버지가 같이 타셨어. 도와드리기 위해 공손히 인사를 하고 버튼을 대신 눌러드렸지. 예의 바르다고 칭찬을 받아 너무 기분이 좋았어.

길을 지나다 거리를 청소하시는 환경미화원 아저씨를 보고 '감사합니다' 하고 크게 인사했어. 아저씨께서 활짝 웃으셨어. 아는 사람은 아니지만 우리 동네를 깨끗하게 만들어 주시는 분께 예의 바르게 인사한 나, 좀 멋진 것 같아.

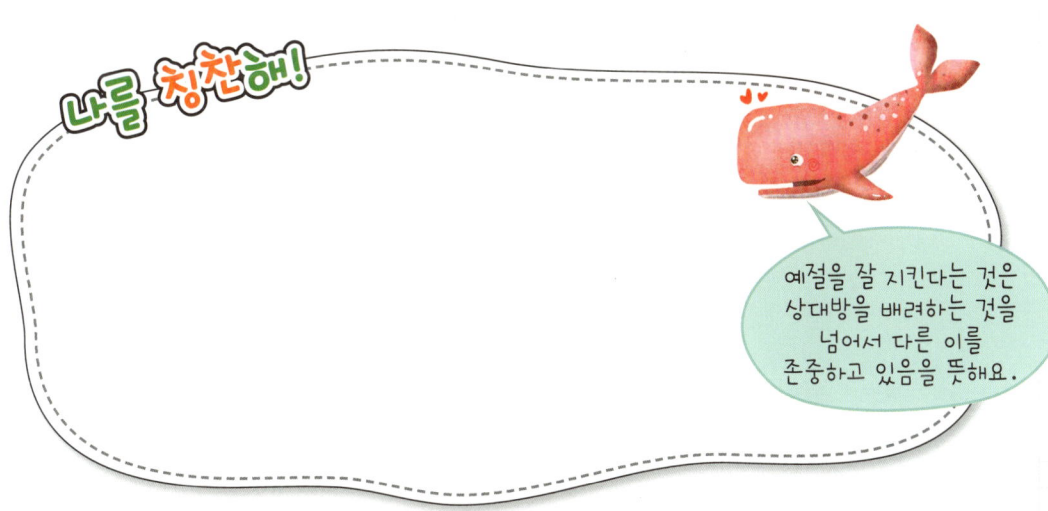

예절을 잘 지킨다는 것은 상대방을 배려하는 것을 넘어서 다른 이를 존중하고 있음을 뜻해요.

18 세련되다

어색한 데가 없이 말이나 모습이 말쑥하며 품위가 있다 유 우아하다

'세련되다'라는 말은 어떤 한 사람의 말이나 모습이 말끔하고 깨끗하며 품위가 있을 때를 가리키는 말이에요.

군더더기 없이 부드럽고 편하게 말하는 태도를 보여 주거나 사용하는 낱말이나 표현들이 깔끔하게 잘 다듬어져 있는 경우, 또 정갈하고 품위 있게 옷을 차려 입었거나 분위기를 풍길 때도 사용하곤 하지요.

칭찬 언어 적용하기

엄마와 함께 고른 옷을 입어 보니 참 세련돼 보여. 덕분에 자신감도 생겼어. 오늘 하루, 즐겁게 잘 지낼 수 있을 것 같아.

국어 시간에 쓴 글이 깔끔하고 자연스럽다고 선생님께 칭찬 받았어. 문장이 세련되었다고 칭찬을 들으니, 참 기분이 좋아.

학교 방송부에서 아나운서를 뽑는 오디션에 지원을 했어. 말을 세련되고 예쁘게 하려고 많은 노력을 했지. 비록 아나운서에 뽑히지는 못했지만 내가 쓰는 말이 더욱 세련되어진 것 같아 그리 속상하지는 않아. 다음에 다시 한 번 도전해 보자.

세련되었다는 것은 겉모습뿐 아니라 말과 행동까지 포함하며, 나만의 매력을 뽐낼 수 있는 또 하나의 장점이 돼요.

67

19 민첩하다

재빠르고 날쌔다 유 빠르다

'민첩하다'라는 말은 어떤 한 사람의 생각이나 행동이 재빠르고 날쌜 때 사용하는 말이에요.

민첩한 행동도 중요하지만 생각의 민첩함은 앞으로 우리가 살아갈 미래에 더욱 필요하다고 할 수 있어요. 새로운 것들이 많이 나타나는 미래에는 민첩한 생각들이 모여 더욱 두각을 나타낼 테니까요.

칭찬 언어 적용하기

엄마와 함께 마트에서 장을 보고 집으로 돌아오는데, 엄마 손에 들려 있던 장바구니에서 사과가 바닥으로 떨어지려고 했어. 난 떨어지는 사과를 재빨리 낚아채서 잡았지. 사과를 멋지게 잡은 나, 참 **민첩했던** 것 같아.

체육 시간에 친구들과 함께 피구를 했는데, 우리 팀이 몹시 불리해졌어. 그때, 나에게 날아오는 공을 재빠르게 잡아서 역전의 발판을 마련하였지. **민첩한** 모습의 나, 참 훌륭했어.

학교 대표로 나갔던 토론 대회에서 상대방이 갑자기 대답하기 어려운 질문을 하였어. 모두가 긴장하고 있을 때 **민첩하게** 아이디어를 내서 대답하였지. 덕분에 위기를 잘 넘길 수 있었어.

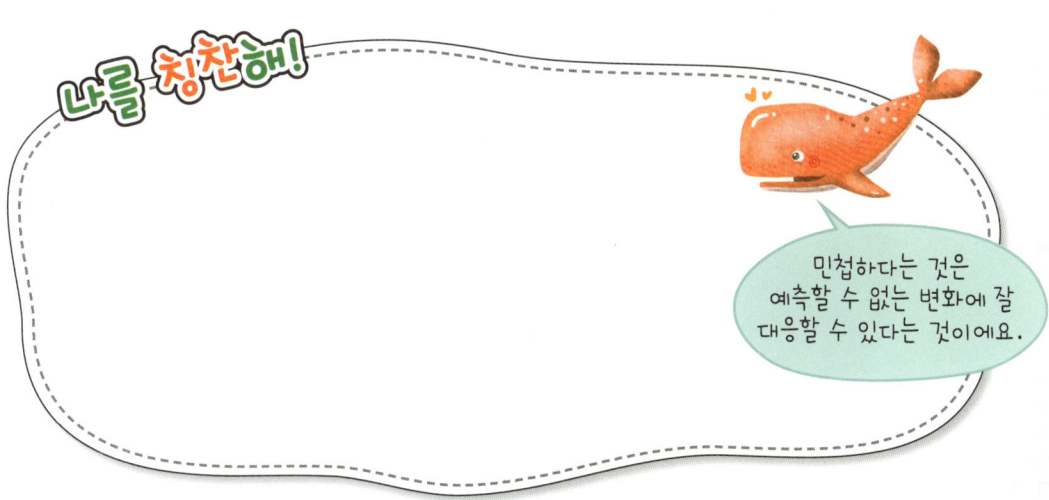

민첩하다는 것은 예측할 수 없는 변화에 잘 대응할 수 있다는 것이에요.

20 꼼꼼하다

빈틈이 없이 차분하고 조심스럽다 유 세심하다

'꼼꼼하다'라는 말은 생각이나 행동이 빈틈없이 차분하고 세세할 때 사용하는 말이에요.

어떠한 것을 준비하고 계획을 세울 때 차분하고 조심성 있게 하나하나 따지는 모습을 꼼꼼한 모습이라고 할 수 있는데, 한 번 더 생각하고 점검하는 습관이 이의 바탕이 된답니다.

칭찬 언어 적용하기

모둠 친구들과 함께 국어 숙제인 면담을 하기 위해 모였어. 다행히 모두들 꼼꼼하게 준비물을 잘 챙겨 와서 면담을 잘 해낼 수 있었어. **꼼꼼한** 우리 모둠, 최고야!

학교에서 소프트웨어 동아리를 모집한다고 해서 가입 안내문을 **꼼꼼히** 읽어 보았어. 무엇이든 찬찬히 준비하는 나, 잘하고 있어.

수업 시간에 선생님께서 중요하다고 이야기하신 부분을 **꼼꼼하게** 표시해 두었더니, 수행평가에서 좋은 결과를 얻을 수 있었어. 나는야, 필기왕!

나를 칭찬해!

꼼꼼하다는 것은 때론 귀찮을 수도 있지만, 무엇을 하기 전에 다시 한 번 살펴보는 습관으로 실수를 줄일 수 있어요.

21 인내심이 있다

괴로움이나 어려움을 참고 견디다 유 참을성이 있다

'인내심이 있다'라는 말은 당장에 겪게 되는 괴로움이나 어려움을 견디어 이겨내는 모습을 가리켜 사용하는 말이에요.

이 세상의 많은 성공들은 쉽고 편하게 이루어지지 않는 경우가 대부분이에요. 성공 뒤에는 무수한 실패, 아픔, 고통들이 있었던 경우가 참 많지요. 다시 말해, 인내심을 가진다는 것은 미래에 이루어질 무언가를 위해 당장의 고통을 이겨낸다는 것을 의미해요.

칭찬 언어 적용하기

아빠와 함께 시작한 등산! 처음엔 괜찮았지만 점점 숨이 차오르기 시작했어. 하지만 인내심 있게 오르기 시작했지. 덕분에 드디어 정상에 섰어. 내려다 본 풍경이 정말 아름답다.

충치가 생겨 치과에 다녀온 날, 마침 길에서 파는 떡볶이가 보여 너무 먹고 싶었지만 꾹 참았어. 인내심 있는 모습을 보여 준 내가 좋아.

친구들과 게임을 하다 보니 금방 학원에 갈 시간이 되었어. 마음은 게임을 더 하고 싶었지만, 인내심을 가지고 게임을 바로 마무리한 후 학원으로 달려 갔어. 하고 싶어도 참을 줄 아는 내가 기특해.

인내심은 나의 마음이 약하지 않다는 것으로, 마치 더 멀리 점프하기 위해 뒤로 물러설 줄 아는 것과 같아요.

22 적극적이다

태도가 긍정적이고 능동적이다 유 건설적이다

'적극적이다'라는 말은 태도가 밝으면서도 스스로 움직이는 모습을 보여 줄 때를 가리켜 사용하는 말이에요.

우리는 흔히 어떤 일을 할 때 스스로 앞장서서 하는 친구를 볼 수 있어요. 그런 모습을 보면 왠지 더욱 자신감이 있어 보이고 열정이 있어 보이죠. 이처럼 적극적인 자세는 나의 행동에 좋은 영향을 미치는 긍정적인 에너지가 될 수 있어요.

칭찬 언어 적용하기

새로이 전학을 간 학교에서 적극적으로 친구들을 사귀려고 노력했어. 발표도 열심히 하고 함께 축구도 즐겼지. 덕분에 친구들과도 금방 친해질 수 있게 되었어.

오늘 수업 시간에 '우리 가족'에 대해 친구들 앞에서 발표할 기회가 있었어. 친구들에게 자세히 알려 주고 싶어 예전부터 발표 준비를 많이 했던 것이라 보다 적극적으로 했더니 친구들이 무척 좋아했어.

엄마와 함께 간식을 준비하는데 내가 만들고 싶은 요리가 있다고 말씀드렸어. 엄마는 흔쾌히 허락해 주셨고, 덕분에 나는 내가 좋아하는 카나페를 적극적으로 만들 수 있었어. 다행히 모두 맛있게 먹었고, 그것을 보는 난 너무 기분이 좋았어.

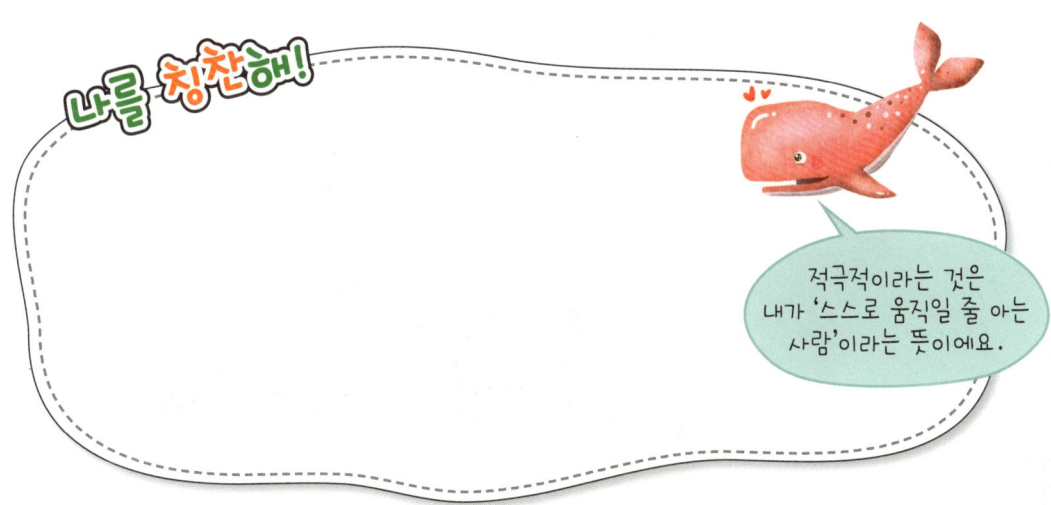

적극적이라는 것은 내가 '스스로 움직일 줄 아는 사람'이라는 뜻이에요.

23 정의롭다

정의에 벗어남이 없이 올바르다 유 의롭다

'정의롭다'라는 말은 옳은 것을 잘 지키며 의로운 모습을 보일 때 사용하는 말이에요.

어느 누가 보아도 옳다고 여기는 사실이나 이치를 잘 지키는 것이 바로 정의로운 모습인데, 우리는 살면서 정의로워야 되는 순간들을 자주 만나게 되지요. 옳다고 생각되는 것을 그대로 행동으로 실천하는 데는 많은 용기와 결심이 필요해요. 옳지 않은 것에 대한 유혹을 극복해 나가는 멋진 모습이기도 하기에 이를 실천하는 것은 매우 중요하답니다.

칭찬 언어 적용하기

길을 가다가 한 아저씨가 옆에 있던 할머니의 어깨를 세게 치고 사과도 않은 채 거리로 사라지는 것을 보았어. 얼른 달려가서 넘어져 있던 할머니를 부축하고 주변 어른들께 알렸지. 다행히 주변 어른들이 도와주셔서 할머니는 바로 병원으로 가실 수 있었어. 오늘 참 정의로운 모습을 보인 것 같아 무척 자랑스럽다.

한 친구가 한 달 전부터 다른 친구들로부터 집단 따돌림을 받고 있다는 느낌을 받았어. 참고 있으면 안 되겠다는 생각에 선생님과 주변 다른 친구들에게 도와달라고 부탁하였어. 정의롭기 위해 노력하는 나, 더욱 성장하고 있는 것 같아.

함께 놀던 친구가 슈퍼마켓에서 초코바 한 개를 몰래 주머니에 넣는 것을 보았어. 그 모습을 보고 한참을 고민하다가, 친구를 위해 도로 갖다 놓으라고 충고를 해 주었어. 정의로워지기 위해 친구를 돕는 나, 참 잘했어.

정의롭다는 것은 당연히 지켜야 할 도리를 피하지 않고, 바로 나서서 실천하는 멋진 마음이에요.

24 친화력이 좋다

다른 사람들과 사이좋게 잘 어울리다

'친화력이 좋다'라는 표현은 만나는 이들과 원만하게 잘 어울리기 위해 적극적으로 다가가는 모습을 가리켜 사용하는 말이에요.

좋은 사람들과 함께 추억을 만들고 그들과 친구가 된다는 것은 큰 행복이라고 할 수 있지요. 그리고 그런 사람들과 좋은 관계를 오래 유지하는 것은 더더욱 큰 기쁨이 된답니다. 적극적이고 밝은 자세로 다른 이들을 정성스럽게 대할 때, 우리의 친화력은 분명 성장할 거예요.

칭찬 언어 적용하기

새로이 학년이 바뀌고 낯선 친구들과 한 반이 되었어. 처음엔 조금 어색했지만 먼저 다가가 가까워질 수 있었어. 덕분에 선생님으로부터 **친화력이 있다고** 칭찬까지 받았지.

많은 친척들이 함께 모이는 명절 날, 사촌동생, 형, 누나들과 오랜만에 함께 만나게 되어 너무 설레었어. 만나자마자 서로 반가워하며 이야기꽃을 피웠지. **친화력 있게** 함께 정답게 지낸 나, 참 귀여운 것 같아.

동네 놀이터에서 우리 학교 친구들과 야구를 하고 있는데, 처음 보는 다른 학교 친구들이 같이 야구를 하자고 하였어. 함께 하면 재미있을 것 같아 바로 승낙을 하고 야구를 즐겁게 했어. 처음 보는 친구들임에도 **친화력 있게** 대한 나, 대견해.

친화력이 좋다는 것은 다른 사람과의 관계를 소중히 여겨 이를 위해 적극적으로 노력하고 있는 모습이에요.

25 리더십이 있다

무리를 다스리거나 이끌어 가는 능력이 있다 유 통솔력이 있다

'리더십이 있다'라는 말은 어떤 집단이나 그룹에서 누군가가 앞장서서 이끌어 갈 때를 가리켜 사용하는 말이에요.

만약 친구들과 함께 운동장에서 같이 할 놀이를 정할 때 서로 다른 의견만 내고 있다면 답답할 거예요. 그때 누군가가 나서서 의견을 모으고 하나의 놀이로 정한다면 더 많은 시간 동안 즐겁게 놀 수 있겠죠. 이러한 모습이 바로 '리더십'이 있는 모습이에요.

칭찬 언어 적용하기

사회 시간에 모둠 발표 주제를 정해야 하는데 서로 갈팡질팡 헤매고 있었어. 그때 내가 투표로 정하자고 제안을 했고, 친구들은 이내 수긍을 하여 곧 주제를 잘 정할 수 있었지. 오늘 **리더십 있는** 모습을 보여서 참 기뻐.

학교 대표로 나간 축구 대회에서 우리 편 점수가 많이 뒤지자 친구들의 어깨가 축 쳐지기 시작했어. 그때 "더 힘내 보자. 포기하지 말자!"라고 외쳤어. 친구들은 그 말을 듣고 더욱 힘을 냈고, 우리는 동점을 만들 수 있었어. **리더십 있었던** 나, 오늘 자랑스러웠어.

친구들과 놀이동산에 갔는데 뭐부터 타야 할지 몰라 다들 망설이고 있었어. 나는 인기가 많은 것부터 순서대로 타자고 제안을 했고, 덕분에 인기가 많고 재미있는 것들을 놓치지 않고 탈 수 있었지. **리더십 있게** 제안한 나, 참 잘했던 것 같아.

리더십이 있다는 것은 마치 배를 이끄는 선장처럼 다른 이들에게 중요한 영향을 주는 모습이에요.

26 책임감이 있다

맡아서 해야 할 일을 중요하게 여기다

'책임감이 있다'라는 말은 맡아서 해야 하는 어떤 임무나 의무를 중요하게 여겨 이에 최선을 다하는 모습을 가리켜 사용하는 말이에요.

내가 맡은 역할을 사랑하고 아끼어 최선을 다하는 모습을 보여줄 때 비로소 '책임감이 있다'라고 말할 수 있답니다. 책임감이 있는 모습은 다른 사람을 소중하게 배려하는 성실한 모습이라고도 할 수 있어요. 이는 다른 이들에게 굳건한 믿음을 선물하는 모습이기도 해요.

칭찬 언어 적용하기

지난 한 달 동안 맡았던 모둠장 역할을 **책임감 있게** 잘 해낸 것 같아. 약속을 지키기 위해 열심히 노력한 내가 자랑스러워.

학교에서 맡은 '1인 1역'을 누가 보지 않아도 성실하게 해냈어. **책임감 있는** 나의 모습이 자랑스럽게 느껴져.

아빠가 마트에서 과일과 채소를 사다 달라고 부탁을 하셨어. 부탁하신대로 마트에 가서 빼먹지 않고 모두 잘 사 왔지. **책임감 있게** 아빠의 심부름을 다녀온 나, 참 든든해.

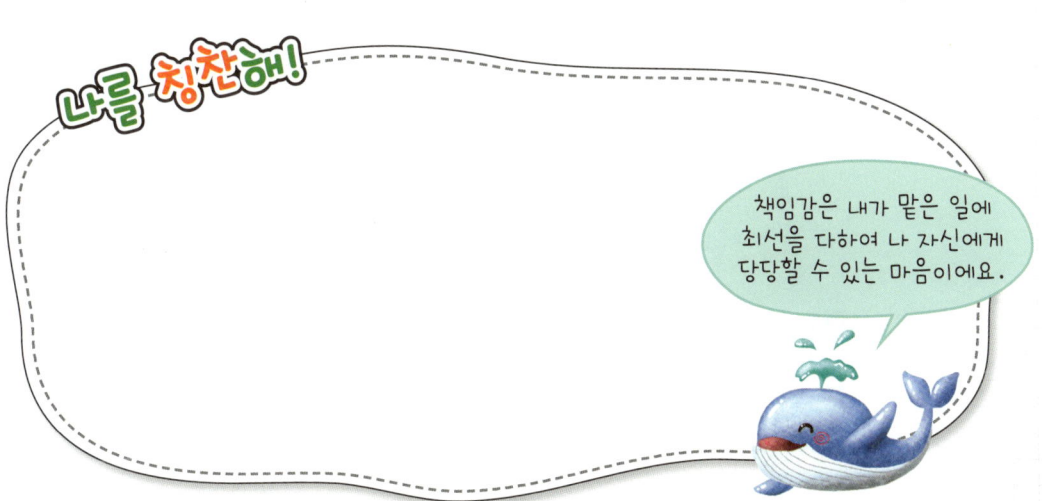

책임감은 내가 맡은 일에 최선을 다하여 나 자신에게 당당할 수 있는 마음이에요.

27 침착하다

행동이 들뜨지 아니하고 차분하다

'침착하다'라는 말은 어떤 한 사람의 행동이 들뜨지 않고 차분하게 이루어질 때 사용하는 말이에요.

어떤 어려운 문제나 곤경에 처했을 때 대부분의 사람은 당황하거나 긴장하게 되지요. 이때 문제에서 조금 떨어져 객관적으로 침착하게 살피는 것은 그리 쉬운 일이 아니에요. 때문에 침착한 마음의 여유를 갖는 습관은 매우 중요하다고 할 수 있어요.

칭찬 언어 적용하기

어제 놀이터에서 그네를 타다 떨어져 무릎을 다치고 말았어. 아파서 눈물이 났지만 **침착하게** 다시 일어났어. 울지 않고 침착하게 일어선 나, 참 대견한 것 같아.

과학 수행평가 시간, 어려운 문제를 만났는데도 당황하지 않고 차분하게 문제를 풀어 나갔어. **침착하게** 끝까지 푼 나, 참 잘했어.

친구들과 함께 한 열띤 국어 토론 시간, 내가 해야 할 말을 하나하나 힘주어 가며 천천히 잘 전달하였어. **침착한** 모습을 유지한 나, 많이 성장한 것 같아.

침착하다는 것은 나의 마음과 행동을 여유 있고 차분하게 조절할 수 있다는 뜻이에요.

28 결단력이 있다

결정을 내릴 수 있는 능력이 있다 유 강단이 있다

'결단력이 있다'라는 말은 어떤 결심이나 결정이 필요한 순간에 누군가가 그것을 과감하게 단정을 내리는 모습을 가리켜 사용하는 말이에요.

때로는 깊이 고민하고만 있다가 결정을 해야 하는 시기를 놓쳐 버리는 안타까운 일이 생길 때가 있어요. 예를 들어, 전교 어린이회 선거에 출마할지 말지 고민만 하다가 어느덧 시기를 놓쳐 출마를 못 하게 되는 것처럼 말이죠. 때문에 적정한 때에 그에 알맞은 결단력을 보여 주는 모습은 매우 중요하다고 할 수 있어요.

칭찬 언어 적용하기

학교 대표로 나간 태권도 대회, 준결승전에서 라이벌인 친구를 만나 많이 긴장됐어. 한참을 서로 지지부진한 공격을 주고받다, 친구가 방심한 순간에 비장의 무기인 돌려차기를 시도해서 성공하였어. 그 짧은 순간에 '돌려차기'를 선택한 나, **결단력 있던** 모습이 참 멋졌어.

오늘 1년 동안 활동할 동아리를 선택했어. 선착순 모집이라 늦지 않게 결정을 해야 했지. 난 평소 배우고 싶던 탁구 동아리에 과감하게 지원을 했고, **결단력 있게** 행동한 덕에 원하던 동아리를 할 수 있어서 참 기뻐.

학원 시간에 쫓겨 급히 걸어가는데, 길가에서 한 아이가 길을 잃어 울고 있는 것이 보였어. 도와주면 학원에 늦을 것이 분명했지만, 근처 파출소에 아이를 데려다 주었어. 학원은 늦었지만 아이를 도왔다는 사실이 참 기뻤어. **결단력 있던** 나, 참 기특해.

결단력이 있다는 것은 망설이다가 좋은 기회를 놓쳐 버리지 않는 강단 있는 모습이에요.

29 호기심이 많다
새롭고 신기한 것을 좋아하는 마음이 크다

'호기심이 많다'라는 말은 새롭고 신기한 것에 큰 관심을 보이거나 모르는 것을 알고 싶어 할 때를 가리켜 사용하는 말이에요.

처음 보는 꽃의 이름을 알고 싶어 하는 마음, TV에서 본 아름다운 경치의 나라에 가 보고 싶은 마음, 사람들은 왜 생김새가 다른지에 대해 궁금해하는 마음, 이러한 마음들이 바로 호기심이 많다고 말할 수 있는 마음이에요.

칭찬 언어 적용하기

얼마 전, 아빠와 함께 올랐던 산에서 신기한 곤충을 보게 되었어. 이름이 궁금해 곤충도감으로 바로 찾아보았지. 곤충에 대한 **호기심이 있는** 내 모습, 참 탐구적이야.

새 학년이 되어 받은 국어 교과서를 살펴보았어. 그러다 순서가 왜 이렇게 정해져 있는지 문득 궁금해졌어. 선생님께 여쭤보니 교과서는 우리가 배우기 쉽게 순서가 짜여 있다고 설명해 주시면서 호기심이 많아서 좋다고 칭찬해 주셨지. 당연한 것에 대해서도 **호기심을 가지는** 나, 기특한 것 같아.

오빠가 학교에서 배워 온 체스를 두는 것을 보니 나도 따라 배워 보고 싶어졌어. 그래서 엄마를 졸라 체스 책을 사기로 했어. 새로운 것을 배워 보고 싶어 하는 **호기심을 가진** 내가 참 좋아.

나를 칭찬해!

호기심이 있다는 것은 이 세상의 많은 비밀들을 알아갈 마음의 준비가 되었다는 거예요.

30 창의적이다

새로운 것을 생각해 내는 힘이 있다 유 창조적이다

'창의적이다'라는 말은 새로운 것을 생각해 내어 이를 활용하고자 노력하는 모습을 가리켜 사용하는 말이에요.

이 세상의 수많은 창의적인 발명품들은 기존에는 없던 것들이었죠. 보다 더 편리하고 쉽게 사용하며 생활할 수 있도록 수많은 연구가들이 머리를 맞대고 개발하여 이 세상에 나오게 된 것들이에요. 이처럼 앞으로 우리가 살아갈 미래 사회에서는 더욱더 창의적인 생각과 노력이 많이 필요할 거예요. 창의적으로 생각하는 습관을 기르는 것은 나에게 큰 힘이 될 수 있답니다.

칭찬 언어 적용하기

미술 시간, 친구의 실수로 내 그림이 찢어져 버렸어. 몹시 당황스러웠지만, 다시 생각해 보니 찢어진 조각들을 이용해서 모자이크 작품을 만들면 좋겠다는 생각이 들었어. 덕분에 오히려 더 멋진 작품을 만들 수 있었고, 친구도 함께 기뻐했어. 오늘 **창의적인** 모습을 보여 참 뿌듯해.

친구와 함께 바둑을 두다가 어려운 장면을 만났어. 아무리 생각해도 좋은 수가 떠오르지 않아 난감했지. 한참을 고민 끝에 그동안 두지 않았던 새로운 방식의 수들을 한번 떠올려 보았어. 그리고 그 수를 두었는데 의외로 결과가 좋게 나왔어. 오늘 둔 나의 수가 참 **창의적인** 것 같아서 기뻐.

수학 퀴즈를 풀다가 답이 잘 떠오르지 않아서 그림을 그려 풀어 보았어. 그림으로 그려 보니 보이지 않던 해결 방법이 떠오르기 시작했지. **창의적으로** 풀어 보려고 노력한 내가 참 기특해.

나를 칭찬해!

창의적이라는 것은 새롭고 기발한 것들을 자유롭게 상상할 수 있는 힘을 가진 거예요.

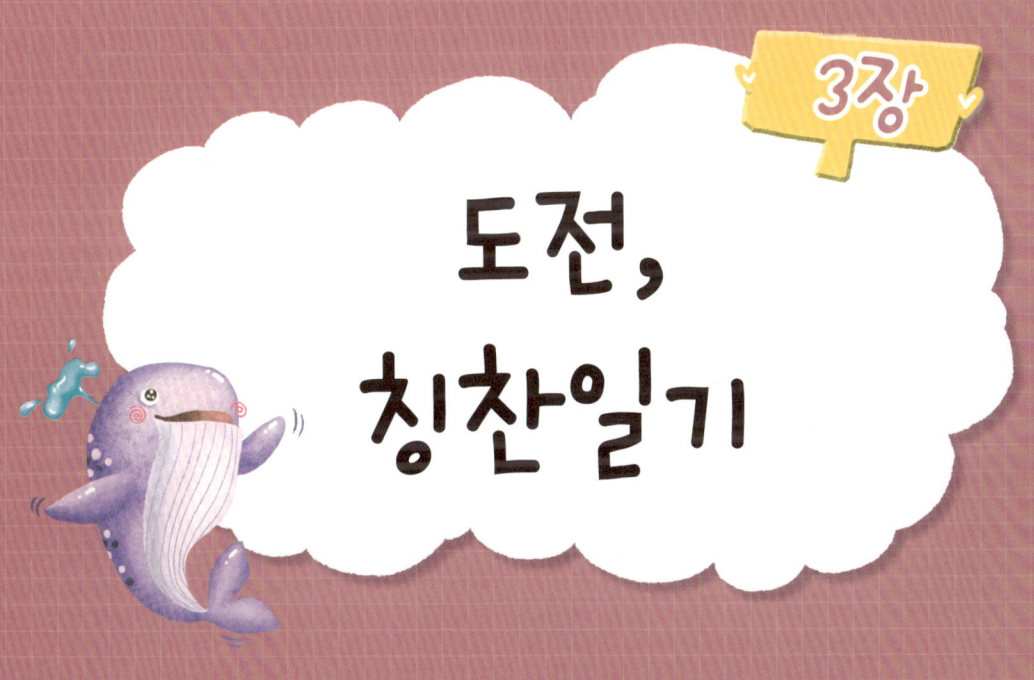

3장
도전, 칭찬일기

1 첫 번째 칭찬일기

　첫째 날에는 어떤 칭찬일기를 쓰면 좋을까요? 가장 먼저, 이렇게 칭찬일기를 쓰기로 마음먹은 나 자신의 용기와 의지를 칭찬해 봅시다. 사실 말이 쉽지 이렇게 칭찬일기를 써 보려고 하는 것은 많은 용기가 필요한 일이에요. 누가 강요하지도 않은 일인데 스스로 칭찬일기를 쓰려고 마음먹었다는 것은 그만큼 나를 특별히 아끼고 사랑한다는 증거예요.

　나 자신의 발전을 위해 더 많은 노력을 한다는 것은 대단히 귀하게 여겨야 할 일임이 분명하답니다. 자, 이제 다음의 예시처럼 우리의 모습을 칭찬해 볼까요?

① 칭찬하는 상황 + ② 칭찬하는 까닭 + ③ 칭찬 언어

❶ 그동안 칭찬을 잘 하지 않았었지만, ❷ 오늘부터 칭찬일기의 좋은 점을 믿고 열심히 쓰기로 다짐한 나, ❸ 기특하고 대단해. 나의 굳은 의지에 나조차도 놀랐어.

> 칭찬일기의 좋은 점을 믿고 열심히 쓰려고 마음먹은 자세는 충분히 '칭찬하는 까닭'이 될 수 있답니다!

❶ 매일 스스로를 탓하며 나 자신을 괴롭혔어. 이제는 칭찬일기를 통해 변화하고 싶어. 나라는 사람을 내가 먼저 스스로 아껴 주고 칭찬해 주어야지. ❷ 칭찬일기를 꾸준히 쓰기로 다짐한 나, ❸ 결단력이 있어서 좋아. 앞으로도 파이팅 하자!

> 자신을 탓하는 것에 더 익숙했던 상황이라면 칭찬이 더욱 필요한 순간이죠!

친구들의 칭찬일기

자긍심을 높이기 위해서 칭찬일기를 쓰려고 마음먹은 나, 정말 대견해. 초심을 잃지 않고 앞으로도 열심히 하자!

6학년 김가은

이렇게 때로는 '칭찬하는 상황'을 생략하고 바로 '칭찬하는 까닭'으로 시작해도 돼요.

오늘부터 칭찬일기를 쓰려고 다짐한 나, 정말 기특해. 이런 도전을 하는 내가 놀라워. 지금까지 나를 좌절하게 하고 작게 만들었던 생각은 잠시 잊어버리고 나에 대한 칭찬을 일주일동안 최대한 많이 하겠어. 나는 선택을 잘한 거야. 앞으로도 파이팅!

6학년 최용익

칭찬 언어와 더불어 나를 격려하는 말을 이어 쓰면 효과가 두 배가 되겠죠?

'칭찬하는 상황'을 솔직하게 잘 써 주었네요.

솔직히 처음에는 칭찬일기 쓰기가 귀찮았지만, 이내 열심히 쓰기로 마음을 고쳐먹었어. 마음을 바꾼 내 모습이 정말 대단해. 일주일동안 나를 칭찬하는 일기를 쓰며 더욱 발전하고 싶어.

6학년 김민서

2 두 번째 칭찬일기

　우리는 누군가를 칭찬하려고 할 때, 어떤 특별한 일을 잘했을 때를 떠올리기 쉬워요. 하지만 칭찬은 그런 특별한 행동이나 일에만 주어지는 것은 아니에요. 왜냐하면 특별한 일은 우리 주변에서 그리 자주 일어나지 않거든요. 어떤 날에는 누군가의 잃어버린 지갑을 주워 주고, 또 어떤 날에는 시험에서 만점을 받고……. 이렇게 특별한 일들이 매일 일어나기는 쉽지 않아요.

　오히려 아침을 먹고 학교에서 친구와 신나게 놀고 공부하는, 이렇게 누가 봐도 평범하고 당연한 일들이 반복돼요. 그럼 칭찬을 할 수 없는 걸까요? 아니죠. 당연한 일이라고 볼 수도 있지만 조금 다르게 살펴보면, 참 대단하고 고마운 일들의 연속이랍니다.

　그래서 칭찬일기의 둘째 날인 오늘은, 함께 매일 매일 자연스럽게 하고 있는 일들을 떠올려 칭찬해 볼 거예요. 예를 들어, 다음과 같이 그냥 무심코 지나칠 수 있는 일들도 따뜻한 칭찬을 건넨다면 대단해 보이는 마법이 일어난답니다.

집에 돌아와서 바로 게임을 하지 않고 숙제를 20분 동안 하였다. 숙제를 하고 나니 어느새 밥 먹을 시간이 되었다.

① 칭찬하는 상황 + ② 칭찬하는 까닭 + ③ 칭찬 언어

❶ 집에 돌아와서 게임을 하려다 숙제가 떠올라 알림장을 확인했어. ❷ 놀기 전에 숙제를 확인하는 나의 모습이 참 준비성 있고 꼼꼼해 보여. ❸ 그리고 그 숙제를 잊지 않고 해내는 내 모습 또한 참 기특해.

> 당연해 보이지만 이러한 좋은 습관을 갖는다는 것은 참 어려운 일이에요!

자, 이제 여러분 차례예요. 아침에 일어나 잠자리에 들 때까지 하고 있는 수많은 일들을 찬찬히 살펴보세요. 그리고 성실하게 해낸 나의 모습을 진심을 가득 담아 칭찬해 봐요.

친구들의 칭찬일기

학원을 다녀와서 힘든데도 내가 사랑하는 강아지를 데리고 근처 공원으로 산책을 갔어. 항상 강아지를 위해 잊지 않고 산책시키는 내 마음이 참 예뻐.

6학년 김가은

강아지를 사랑하는 마음과 책임감이 대단하네요.

점심을 먹고 난 후에, 귀찮지만 양치를 하고 친구들과 놀러 나가는 나, 최고야!

6학년 김유진

당연해 보이지만 좋은 습관을 칭찬해 주었어요.

매주 플루트 방과 후 수업을 가기 싫은데도 참고 가는 나, 정말 기특해. 하기 싫은 걸 참고 하는 것을 보니 더 성숙해진 것 같은데? 앞으로도 파이팅!

6학년 조가현

칭찬을 통해 부정적인 일을 긍정적으로 생각하게 되었어요.

★ 매일 수많은 일들을 자연스럽게 해내고 있는 나를 칭찬하세요.

| 월 | 일 | 요일 |

우리는 매일 손가락으로
셀 수 없을 정도로 수많은 일들을
멋지게 해내고 있답니다.

3 세 번째 칭찬일기

　벌써 세 번째 칭찬일기네요. 도중에 포기하지 않고 셋째 날을 맞이하게 된 여러분을 진심으로 칭찬해요. 칭찬할 거리를 따로 생각하지 않고도 이미 여러분은 칭찬받을 만하지요.

　우리는 하루하루 가족, 친구, 선생님, 이웃 등 수많은 사람들을 만나서 이야기를 나눠요. 그리고 그 속에서 많은 경험을 하게 됩니다. 그 중엔 내가 노력해서 잘되는 것도 있고, 또 반대로 잘되지 않는 것도 있어요.

　이번에는 잘하지는 못하더라도 열심히 노력한 일들을 찾아볼게요. 결과가 좋아야만 칭찬받을 수 있는 것은 아니에요. 여러분 모두 지난 2018 평창올림픽을 관람한 적 있을 거예요. 그때 우리가 함께 느꼈지만 메달 여부와 상관없이 열심히 노력한 선수 모두가 우리 국민에게 따뜻하고 힘찬 응원을 받았죠.

　마찬가지예요. 결과가 좋지 않더라도 열심히 그리고 꾸준히 노력한 일이라면 그 자체만으로도 칭찬받기에 충분해요. 내가 그동안 꾸준히 노력해 왔거나 노력하고 있는 일들을 천천히 떠올려 보세요.

① 칭찬하는 상황 + ② 칭찬하는 까닭 + ③ 칭찬 언어

❶ 기다리고 기다리던 학교 운동회 100m 달리기 대회 날, 시작 소리가 울리고 제일 먼저 달리던 난 그만 넘어져 버리고 말았지. 예전 같았으면 자리에 주저앉아 울고만 있었을 텐데 이번엔 바로 일어나 이를 악물고 달렸어. ❷ 비록 1등은 못 했지만 포기하지 않고 달려 7명 중 4등으로 들어올 수 있었어. ❸ 끝까지 포기하지 않는 끈기 있던 모습이 참 뿌듯해.

칭찬 언어인 '끈기가 있다'를 활용하여 잘 표현하였군요!

❶ 과학 시간에 모둠 친구들과 함께 실험을 하였는데, 실험 전 예상했던 내용과 다른 결과를 얻게 되었어. ❷ 비록 미리 세운 가설과 다른 결과를 얻게 되었지만, 열정 어린 마음으로 탐구하는 내 모습이 ❸ 참 적극적인 것 같아서 좋아.

결과에 상관없이 진지하고 적극적으로 행동한 모습은 충분히 칭찬 받을 일이에요.

친구들의 칭찬일기

오늘 중국어 학원에서 받아쓰기를 했어. 비록 시험에서 몇 개 틀렸지만 틀린 것을 다시 보고 공책에 꼼꼼히 써 본 나, 정말 성실해.

6학년 김은서

'칭찬하는 까닭'을 이렇게 자세히 써준다면 효과는 배가 된답니다.

매주 금요일 아침 시간에 악기 연습을 하는데, 단소가 잘 불어지지 않아 단소 연습을 계속 했어. 머리가 어지럽고 힘들어 숨이 찼지만 계속 연습한 결과 소리가 드디어 나왔어. 아직 연주까지는 못하지만, 힘들다고 포기하지 않고 계속 연습하는 나, 정말 뿌듯하고 스스로를 칭찬해.

6학년 이윤정

힘들었던 과정을 자세하게 써 주니 칭찬하는 까닭이 잘 보여요.

사회 시간에 수원 화성 모형을 완성하려 노력했지만 끝내 완성하지 못해서 아쉬워. 하지만 꼼꼼히 만들려고 노력한 덕분에 실수 없이 완성 직전 단계까지 왔어. 남은 부분은 다음 시간에 모두 완성하면 되니 걱정은 없어. 집중력 있게 모형 만들기에 노력한 나, 참 대견해.

6학년 최용익

목표를 세우고 이루려는 노력이 멋있어요.

🌟 결과에 상관없이 열심히 노력하는 나를 칭찬하세요.

| 월 | 일 | 요일 |

결과와 상관없이 열심히 힘을 쏟아 부었던 일을 떠올려 보세요.

4 네 번째 칭찬일기

　눈에 보이지는 않지만 우리의 말과 행동, 생각을 좌우하는 것이 바로 '마음'이에요. 우리의 마음은 참 신비로워서 같은 일을 하더라도 기쁜 마음으로 하면 그 일이 즐겁고, 슬픈 마음으로 하면 그 일이 괴로워지기도 하지요. 이 마음을 잘 다스리는 일은 우리 친구들뿐만 아니라 어른들도 참 하기 어려운 일이랍니다.

　혹시 영화 '인사이드 아웃'을 아시나요? 영화 속 한 사람의 마음 안에 '기쁨이, 슬픔이, 까칠이, 버럭이, 소심이'가 함께 어우러져 살고 있는데, 어떤 때는 '기쁨이'가 큰 역할을 하기도 하고, 또 어떤 때는 '슬픔이'가 나타나 큰 역할을 하며 마음을 좌우하게 돼요.

　우리의 마음은 여러 감정들이 섞여 있어요. 그 감정들을 잘 조절하는 사람이 있는 반면 조절이 어려운 사람도 있어요. 다른 사람과 함께 잘 지내기 위해서는 이 감정을 잘 조절해야만 하지요.

　이번에는 겉으로 드러난 행동이 아닌, 나의 마음을 칭찬해 볼 거예요. 평소 그냥 지나쳤던 감정에 주목하며 칭찬해 보세요.

① 칭찬하는 상황 + ② 칭찬하는 까닭 + ③ 칭찬 언어

❶ 학교 복도에서 작년 담임선생님과 마주쳤어. ❷ 하도 오랜만이라 부끄럽기도 했지만, 반가운 마음에 곧 다가가 인사를 하였지. 선생님과의 정을 잊지 않고 반갑게 인사를 한 ❸ 나의 마음이 참 따뜻하고 사랑스럽게 느껴져. 덕분에 선생님과 웃으며 한참동안 이야기도 나눌 수 있어서 참 좋았어.

'칭찬하는 까닭'에는 이렇듯 겉으로 드러난 행동뿐만 아니라 마음도 같이 써 주면 좋아요.

❶ 공원에서 친한 친구가 생일 선물로 주었던 소중한 손수건을 칠칠치 못하게 잃어버렸어. ❷ 오랫동안 찾아도 보이지 않아 마음이 참 속상했지만, 곧 잊어버리기로 마음먹었어. 일부러 잃어버린 것도 아닌데 너무 속상해 할 필요는 없을 것 같아. 대신, 그 친구에게 더 잘해 주어야지. 속상한 마음을 털어 버리고 다시 밝게 생각하는 나, ❸ 참 많이 성장했구나.

'칭찬하는 까닭'에 나타나는 마음을 이렇게 자세히 쓴다면 훨씬 더 생생하답니다.

친구들의 칭찬일기

> 동생이 시비를 걸어서 머리끝까지 화가 났었어. 버럭 화를 내려다 잠시 가라앉히고 부드럽게 얘기하자, 동생도 사과했어. 화를 내지 않고 감정을 잘 푼 나, 정말 마음이 넓어.
>
> 6학년 김가은

감정을 잘 다스린 것도 훌륭한 칭찬거리가 된답니다.

> 체육 시간에 밖에 나가서 이어달리기를 하기로 하였는데, 미세먼지 때문에 못 나가게 되었어. 아쉬웠지만 다른 아이들과 달리 짜증내지 않은 나, 아주 멋져.
>
> 6학년 이선영

> 친구들과 공놀이를 하다 한 아이가 공을 잘못 차서 내 머리에 퍽! 하고 맞았어. 순간 아프고 놀란 마음에 울컥하고 화가 났지만, 그 아이가 먼저 사과해서 정말 고마웠어. 친구의 사과를 받아 주고 놀이가 계속 될 수 있게 한 내가 멋있고 어른스러워.
>
> 6학년 이윤정

다양한 칭찬 언어를 사용해서 칭찬했군요.

5 다섯 번째 칭찬일기

　세상엔 하고 싶은 일이 참 많지요. 맛있는 것을 먹고, 맘 편히 푹 자고, 공부보다는 신나게 노는 등 내 맘대로 하고 싶은 일들이에요. 하지만 하고 싶은 일만 한다면 나의 꿈을 이룰 수 없어요. 매일매일 맛있는 것만 먹다가 몸이 뚱뚱해져 금세 건강을 잃고 마는 것이나 중요한 시험을 앞두고 놀기만 하다가 시험을 망쳐 버리는 것처럼 말이에요.

　하고 싶지만 더 나은 다른 일을 위해 참고 견디는 것을 '인내력'이라고 해요. 이 인내력을 기르기 위해서 우리는 때로는 참고 견뎌야만 하는데 이는 생각보다 어려워요.

　그렇기 때문에 이 일도 칭찬받을 수 있는 일이 되는 것이랍니다. 참고 견디어 내는 것, 어른들도 잘하지 못하는 이들이 많은데, 여러분과 같은 어린이가 높은 인내력을 갖고 있다면 그것은 정말 놀라운 일이겠죠?

　내가 하고 싶어도 참아내며 견뎌내었던 일들을 떠올려 보세요. 유혹을 이겨내고 인내력을 발휘한 순간을 칭찬해 보는 거예요.

게임만 하고 싶다.

① 칭찬하는 상황 + ② 칭찬하는 까닭 + ③ 칭찬 언어

❶ 학교 앞 분식집을 지나는데, 분식집에서 퍼져 나오는 맛있는 떡볶이 냄새에 발길이 멈추고 말았어. 떡볶이를 사 먹으려고 지갑을 살펴보았는데, 글쎄 용돈이 3,000원밖에 없지 뭐야. ❷ 떡볶이가 정말 먹고 싶었지만, 나는 꾹 참고 그냥 집으로 향했어. 눈앞에 있는 떡볶이를 참고 이겨낸 내가 ❸ 참 인내심이 있는 것 같아.

인내심을 보여 준 것도 '칭찬하는 까닭'이 될 수 있지요.

'칭찬하는 상황'의 배경을 함께 써 준다면 내용이 풍부해진답니다.

❶ 우리 반에서 '도전! 한자왕 대회'를 한다고 해서 그동안 배운 한자들을 매일 10자씩 공책에 써 가면서 연습했어. 숙제가 많은 날은 한자 공부까지 하기에는 힘들었지만 그래도 빼먹지 않고 연습을 했어. 드디어 대회 날, 나는 우리 반에서 가장 많은 문제를 맞히고 당당히 우승을 했어. ❷ 선생님도 깜짝 놀라시고, 특히 친구들은 그동안 열심히 노력한 나의 모습에 큰 박수를 쳐 주었어. 놀고 싶어도 참고 열심히 한자 공부를 한 나, ❸ 참 대견하고 자랑스러워.

111

친구들의 칭찬일기

보다 더 높은 가치를 얻기 위해 인내심을 발휘한 것, 훌륭한 칭찬의 이유가 됩니다.

며칠 전에 할머니께서 용돈을 주셨어. 문구점에 들렀더니 마침 사고 싶은 것이 있는 거야. 하지만 저금통에 넣기로 결심한 거라 사지 않고 나왔어. 저금을 하기 위해 갖고 싶은 것을 미룬 나, 정말 잘 참았어.

6학년 김가은

다친 손가락에 있는 부목이 너무 답답해서 풀고 싶었지만, 빨리 낫기 위해 그것을 참고 견뎠어. 내 몸을 아끼고 지킨 내 모습이 참 대단하구나.

6학년 김은서

규칙을 준수하기 위해 인내하는 것, 마찬가지로 훌륭한 칭찬거리겠죠?

오늘 급식 때는 번호 순서대로 줄을 섰어. 그래서 20번인 난 거의 뒷줄에 있게 되었지. 점심시간 전에 체육을 해서 배가 너무 고팠지만, 내 번호까지 잘 기다려 밥을 먹었어. 배가 고파도 참을성 있게 기다린 나, 정말 인내력이 좋아!

6학년 조가현

6 여섯 번째 칭찬일기

"당신이 할 수 있는 가장 큰 모험은 당신이 꿈꾸는 삶을 사는 것이다."

혹시 이런 말을 들어본 적 있나요? 이 말은 미국의 유명한 TV 토크쇼 진행자 '오프라 윈프리'의 말이랍니다. 오프라 윈프리는 어릴 때부터 부모님의 보살핌이 없는 불우한 환경에서 자라며, 친척들로부터 심한 학대를 당하기까지 했지요. 게다가 피부색이 검다는 이유만으로 차별도 받았어요. 이런 그녀에게는 한 가지 꿈이 있었어요. 자신과 같이 상처받은 사람들과 진솔한 대화를 나누며 그들의 마음을 치유하고 공감할 수 있는 사람이 되고자 하는 꿈이었지요.

꿈을 향한 끝없는 노력이 이어지고, 그녀는 결국 미국 최대의 TV 토크쇼 진행자가 되었답니다. 자신이 겪었던 아픈 상처에 좌절하지 않고, 오히려 상처받은 사람들의 마음을 더 잘 이해하고 알아주었기에 많은 미국인들은 그녀의 방송에 깊은 감동을 받았지요. 방송에서 만나는 수많은 사람들의 상처를 어루만져 주며 희망과 용기를 선물해 주었던 그녀 덕분에 많은 이들이 다시 일어날 수 있었답니다.

여러분도 꿈이 있을 거예요. 꿈은 미래에 되고 싶은 어떤 '직업'만을 가리키지 않아요. 어른이 되어 '나는 이런 사람이 되고 싶어.'라고 생각하는 나 자신의 모습도 꿈이 될 수 있답니다. 자, 꿈을 이루기 위한 앞으로의 결심, 내가 갖고 있는 꿈을 칭찬해 보세요.

① 칭찬하는 상황 + ② 칭찬하는 까닭 + ③ 칭찬 언어

❶ 책읽기를 좋아하는 나는 어렸을 때부터 글을 쓰는 사람이 되고 싶었어. ❷ 조금은 일찍 꿈을 꾸기 시작한 나, 앞으로도 꾸준히 그 목표를 이루기 위하여 노력하자. 꿈을 소중히 여기고 아낄 줄 아는 내 모습이 ❸ 오늘따라 참 괜찮아 보인다.

'칭찬하는 상황'은 칭찬하고자 하는 나에 대한 설명도 포함한답니다.

❶ 인공지능 알파고를 이겨 보고 싶은 마음에 시작한 방과 후 바둑 공부. 어느새 프로 기사가 되어 멋지게 알파고에 도전하고 싶은 꿈까지 가지게 되었지. ❷ 배우면 배울수록 어려운 것이 바둑이지만, 쉽게 포기하지 않고 꾸준히 배워 나갈래. 멋지고 힘찬 꿈을 가지고 적극적으로 노력하려는 ❸ 내 모습이 자랑스러워.

꿈을 갖고 있다는 것, 그 자체만으로 칭찬받을 수 있어요!

친구들의 칭찬일기

나는 사람들에게 맛있는 요리를 만들어 주는 요리사가 꿈이야. 내 요리를 먹고 행복해 할 사람들을 생각하니 기분이 너무 좋아. 행복을 주는 요리사, 정말 멋진 꿈이야!

6학년 김은서

요리사라는 명확한 꿈을 가지고 있는 모습. 칭찬해 주고 싶어요.

1학년 때부터 선생님이란 직업에 관심이 있었고, 5학년 때부터 확실히 선생님이 되고 싶다는 생각을 했어. 물론 확실하게 정해진 것은 아니지만 초등학생 입장에서 선생님은 멋진 직업인 것 같아. 평범할 수 있겠지만 나에겐 누구보다 소중한 나의 꿈이야. 꿈이란 것을 소중히 여기며 남의 꿈과 비교하지 않고 존중할 줄 아는 나, 참 멋진 것 같아.

6학년 이윤정

아픈 동물들을 치료하고 돌봐주고 싶어서 내 꿈은 수의사야. 동물을 사랑하고 지켜 주려고 생각한 나, 정말 정의로워. 만약 진짜로 수의사가 된다면 아픈 동물들을 잘 치료해 주자!

6학년 조가현

앞으로의 다짐을 함께 써도 좋아요!

7 일곱 번째 칭찬일기

우리는 집에서나 학교에서나 각자 맡은 일이 있어요. 집에서는 아들이나 딸로서의 역할, 또는 형제나 자매(남매)로서 해야 하는 역할이 있고, 학교에서는 '1인 1역'처럼 학급 구성원으로서의 역할과 모둠 내에서 수행하는 역할 등이 있지요.

그 역할에는 '책임'이라는 것이 뒤따르며 내가 그것을 잘 해내지 못하면 다른 이들에게 좋지 않은 영향을 미칠 수도 있고, 반대로 잘 해내면 다른 이들에게 좋은 영향을 미칠 수도 있어요.

만약 내가 어떠한 역할을 맡아 그것을 정성스럽게 해내고 있다면 여러분은 이미 칭찬받기에 충분해요. 작은 역할이든, 큰 역할이든 그것을 위해 꾸준히 노력하고 있는 자신을 진심으로 칭찬해 봐요.

1인 1역 바닥 쓸기, 임무 완수!

① 칭찬하는 상황 + ② 칭찬하는 까닭 + ③ 칭찬 언어

❶ 지난 학급 임원 선거에서 원하던 학급부회장 역할을 맡게 되었어. ❷ 처음 맡은 역할이지만 우리 반을 '독서하는 반'으로 만들겠다는 약속을 실천하려고 아침마다 친구들에게 책을 읽도록 권유했어. ❸ 약속을 지키려고 맡은 역할에 충실하고 있는 나, 책임감 있는 모습이 든든하다.

> 맡은 역할에 최선을 다하는 책임감 있는 모습은 칭찬받아야 마땅하죠!

❶ 가족회의를 통해 앞으로 분리수거하는 역할을 내가 맡기로 했어. ❷ 집에서 내가 도울 수 있는 일이 있다는 사실이 너무 기쁘고, 매주 분리수거일에 맞춰 열심히 정리 하고 있어. ❸ 역할에 책임감 있는 내 모습이 참 좋아.

> 가족회의를 통해 역할을 정하게 된 것도 '칭찬하는 상황'이 될 수 있어요.

친구들의 칭찬일기

'책임감이 있다'라는 칭찬 언어를 잘 활용하였어요.

오후에 놀러 나가다가 분리수거를 해야 하는 것이 생각났어. 친구들이랑 놀고 싶었지만 잠시 참고 분리수거부터 한 나, 정말 책임감 있어. 해야 할 일부터 하는 내가 참 대단하다.

6학년 김은서

이번 달 내 1인 1역인 '화분에 물주기'를 주기적으로 빠짐없이 하고 있어. 소홀해질 수 있는 내 역할이지만 성실하게 해내는 내 모습이 멋있어 보여! 나무들아, 건강하게 자라라.

6학년 김민서

책임감을 가지고 노력하는 모습은 결과와 상관없이 칭찬받을 일이에요.

모둠 친구들과 하는 역할놀이에서 대사가 많은 역할을 맡았어. 대사가 많아 힘들었지만 대본을 며칠 동안 꾸준히 외웠지. 그 덕분에 발표하는 날 대사를 한 곳도 틀리지 않고 잘 해낼 수 있었어. 맡은 역할에 최선을 다한 나, 진짜 배우처럼 빛나 보여.

6학년 최용익

맡은 역할에 최선을 다하는 나를 칭찬하세요.

| 월 | 일 | 요일 |

크기에 상관없이 그 역할에 최선을 다하고 있다면, 이미 칭찬받을 자격이 충분하답니다.

8 칭찬일기를 읽다

자, 이제 일곱 개의 소중한 칭찬일기들이 모였어요. 그동안 나 자신을 더 사랑하기 위한 마음으로 쓴 칭찬일기라 더욱 애착이 갈 거예요. 이렇게 칭찬일기를 정성스럽게 쓰고 난 후에는 잊지 말고 꼭 '소리 내어 읽어 보기'로 해요.

내가 쓴 칭찬일기를 읽다 보면 내심 속으로 부끄러우면서도 '일주일 동안 나의 마음의 변화가 이러했었구나.' 또는 '나에게 칭찬할 것이 이렇게 많았다니, 참 놀라운데?'라고 생각하며 절로 미소를 짓게 될 거예요.

칭찬일기를 손으로 쓰는 것을 넘어서 글자로 적혀 있는 것을 입으로 말할 때, 우리는 마치 누군가가 직접 나에게 칭찬을 하는 것 같은 기분이 든답니다. 특히 내가 나에게 속삭이듯이 읽어줄 때 우리 자신에게 큰 힘을 줄 수 있어요. 이것이 일주일에 한 번이라도 칭찬일기를 입으로 소리 내어 읽어야 하는 이유랍니다.

그렇다면 칭찬일기를 어떻게 소리 내어 읽으면 좋을까요?

<mark>첫째, 지난주에 쓴 첫 번째 일기부터 순서대로 읽도록 해요.</mark> 특히 '첫 마중물 쓰기'의 경우에는 칭찬일기의 흐름이 시작되는 첫 날의 일기부터 읽어야 자연스레 흐름을 읽을 수 있어요. 첫날의 일기를 살펴보며, 그때의 내 마음은 어떠했는지, 칭찬하고자 하는 내용은 무엇이었는지, 그리고 그때와 지금의 나는 어떻게 이어지고 있는지를 파악하며 읽는다면 더욱 좋답니다.

<mark>둘째, 일기 속에 등장하는 칭찬 언어에 밑줄을 그어 주세요.</mark> 그리고 내가

자주 사용하고 있는 칭찬 언어를 다시 한 번 입으로 내뱉으며 나에게 들려주세요. 이 칭찬 언어들은 자신감이 되어 끝까지 포기하지 않고 해낼 수 있는 힘이 될 거예요.

셋째, 내가 쓴 칭찬일기에 어울리는 작은 그림말을 댓글처럼 그려 주세요. 이것은 나를 향한 또 다른 응원이 되어 자주 펼쳐 보고 싶은 마음을 일으킨답니다.

에필로그

칭찬일기는 우리 마음의 행복과 함께!

　칭찬일기를 알고 몸소 체험해 본 여러분의 마음은 지금 어떤가요? 예전보다 조금이라도 마음이 더 따뜻해졌다면 이미 여러분은 칭찬일기의 효과를 몸소 누리고 있는 것이랍니다.

　칭찬일기 쓰기는 여러분의 일상 속 작은 행복들을 직접 느끼기 위해 시작하는 것이에요. 마치 우리가 매일 밥 먹고 양치질하듯 '칭찬일기 쓰기'가 우리의 생활 속 습관이 될 때, 일상의 삶에서 느끼는 행복감은 더욱 커질 것이 분명해요. 앞으로 칭찬일기를 꾸준히 실천하여 우리 삶의 매 순간을 풍요롭게 만들고, 더 나아가 우리 주변 사람들에게까지도 '칭찬의 행복'을 선물할 수 있도록 함께 노력해 보아요.

　꾸준한 칭찬일기 쓰기를 통해 여러분은 앞으로도 나 자신을 사랑할 줄 아는 멋지고 예쁜 어린이가 될 것이라고 굳게 믿어요. 우리 마음속, 기쁨과 행복의 싹을 칭찬일기와 함께 틔워 보아요!

친구들의 칭찬일기 소감 나누기

6학년 김가은

나에게 칭찬을 하고 나를 스스로 격려·위로하는 과정에서 나를 아끼는 마음이 더욱더 커진 것 같아. 앞으로 모든 일을 열심히 할 수 있다는 믿음도 함께 생긴 것 같아 정말 기뻐.

6학년 김은서

칭찬일기를 쓰기 시작하면서 내가 몰랐던 나의 장점을 많이 알게 되었고, 덕분에 나의 마음도 더욱 튼튼해진 것 같아. 앞으로도 꾸준히 칭찬일기를 쓰기로 약속!

6학년 이선영

매일 바쁘다는 핑계로 일기 쓰기를 시도조차 안 했던 내가, 칭찬일기에 도전한 후 일기 쓰기가 재밌어졌어. 매일 스스로 일기를 쓰다니 참 놀라워.

6학년 조가현

그전에는 나보다 다른 사람을 먼저 칭찬하는 것에 익숙했었는데, 이제는 나를 먼저 칭찬하고 사랑하는 방법을 알게 되었어. 칭찬일기 쓰기가 자존감을 키워 준 것 같아 고마워.

초판 발행 2019년 3월 7일
초판 인쇄 2019년 2월 28일

글 전기현 | 그림 장연화

펴낸이 정태선
펴낸곳 파란정원(자매사 책먹는아이) | **출판등록** 제395-2010-000070호
주소 서울시 서대문구 모래내로 464 2층(홍제동) | **전화** 02-6925-1628 | **팩스** 02-723-1629
제조국 대한민국 | **사용연령** 8세 이상 어린이
홈페이지 www.bluegarden.kr | **전자우편** eatingbooks@naver.com
종이 다올페이퍼 | **인쇄** 조일문화인쇄사 | **제본** 선명

ISBN 979-11-5868-158-6 73710
글ⓒ전기현 2019

이 책은 저작권법에 따라 보호받는 저작물이므로 무단 전재와 무단 복제를 금지하며,
이 책 내용의 전부 또는 일부를 이용하려면 반드시 저작권자와 파란정원(자매사 책먹는아이)의 동의를 얻어야 합니다.
*잘못된 책은 구입하신 서점에서 바꿔 드립니다.